Diogenes Taschenbuch 24248

de
te
be

Petros Markaris

Quer durch Athen

Eine Reise von Piräus nach Kifissia

Aus dem Neugriechischen von Michaela Prinzinger

Mit 24 Kartenausschnitten

Diogenes

Dieses Buch erschien 2010
im Carl Hanser Verlag, München,
und wurde für diese Ausgabe
vom Autor leicht überarbeitet und aktualisiert
Umschlagfoto:
Copyright © ullstein bild – Agelou

www.diogenes.ch
60/13/8/1
ISBN 978 3 257 24248 5

Inhalt

Zum Geleit

Ob der Fahrer des dampfbetriebenen Zuges, der am 27. Februar 1869 seine Jungfernfahrt von Thiseio nach Piräus absolvierte, wohl ahnte, dass er den Athenern dasjenige öffentliche Verkehrsmittel vorführte, das ihnen am meisten ans Herz wachsen würde? Ziemlich unwahrscheinlich, möchte ich meinen. Dennoch war man sehr stolz darauf, denn damit unternahm Athen einen weiteren Schritt in Richtung Europa, und als Europäer wollte man schließlich gelten. Der Zug brach aus einer Stadt mit fünfzigtausend Einwohnern auf, um in eine andere Stadt zu fahren, die höchstens zehntausend Bewohner zählte. Demzufolge führte die Fahrt bloß von einer größeren in eine kleinere Provinzstadt.

Viele neugriechische Entwicklungen lassen sich in dem Sprichwort zusammenfassen: Nimm dich vor dem Faulpelz in Acht, den plötzlich der Ehrgeiz packt. Die Bahnlinie Thiseio–Piräus wie auch die heutige U-Bahn sind Ergebnisse dieser »Philosophie«. 1835, ein Jahr nach der Ernennung Athens zur Hauptstadt des Königreichs Griechenland, war die Errichtung einer Bahntrasse zwischen Athen und Piräus beschlossen worden – ganze vierunddreißig Jahre nahm man sich Zeit für die Umsetzung. Nicht anders die U-Bahn: Die ersten Bohrungen begannen 1963, doch erst siebenunddreißig Jahre später, im Jahr 2000, nahm sie den Betrieb auf. Dann war es vorbei mit dem Schlendrian: Die Bahnlinie von 1869 wurde – wie später auch die U-Bahn – in atemberaubendem Tempo durch ein weiteres Stück ergänzt. Nach kurzer Bauzeit wurde das sogenannte »Ungetüm« eingeweiht: die Bahnlinie, die vom Attikis-Platz im Zentrum bis nach Kifissia im Norden führte.

Im Jahr 1904, fünfunddreißig Jahre später, wurde diese Bahn elektrifiziert. Damals setzte sich die Bezeichnung »die Elektrische« für das Verkehrsmittel Nummer eins der Athener durch. Selbst heute noch, nachdem sie als Linie 1 in das U-Bahnnetz integriert worden ist, wird sie von den Athenern »die Elektrische« genannt: »Bist du mit der U-Bahn gekommen?« – »Nein, mit der Elektrischen.«

Die ersten Waggons waren aus Holz und strahlten den Charme alter Eisenbahnen aus. Das lag nicht nur an den bequemen Ledersitzen, sondern auch am Gepäckwagen, in dem die Reisenden mit schweren und voluminösen Gepäckstücken Platz nahmen. Die Stadtbahn konnte zwar weder mit der Londoner Underground noch mit der Pariser Métro konkurrieren, doch sie bildete das fortschrittlichste städtische Verkehrsmittel in einem Land, das zwischen Orient, Balkan und antiken Vorfahren hin und her gerissen war.

Als ich mich 1965 in Athen niederließ, freute ich mich jedes Mal, wenn ich auf Züge mit hölzernen Waggons stieß. Es war vielleicht nicht gerade eine Fahrt mit dem Orient-Express, aber auf jeden Fall gemütlicher als die unbequemen Metallwaggons, die sich in den siebziger Jahren mehr und mehr durchsetzten. Letztere stammten bis zum Jahr 2000 vorwiegend aus dem Hause MAN-Siemens.

1926 wurden die Linien aus Piräus und Kifissia vereint. Dadurch wurde die heutige Linie 1 mit ihren vierundzwanzig Stationen geschaffen, die Athen zwischen dem Hafen Piräus und dem nördlichen Vorort Kifissia durchquert. Auch heute noch ist diese Linie die längste des Athener U-Bahn-Netzes.

Von diesen vierundzwanzig Haltestellen haben nur fünf ihren alten Charme behalten: die Endstationen Piräus und Kifissia, Monastiraki sowie Omonoia und Viktoria. Von der ursprünglichen Station Thiseio ist nur mehr der hölzerne Fahrkartenschalter erhalten. Alle übrigen Haltestellen wurden vor der Olympiade im Jahr 2004 renoviert und dadurch vielleicht moderner, funktionstüchtiger und manchmal auch kitschiger, gleichzeitig haben sie allesamt ihre alte Ausstrahlung eingebüßt. Doch daran stören sich nur wenige in einem Land, in dem Modernisierung in der Regel stets die Vernichtung des Alten bedeutet.

Der einzigartige Charakter der Stadtbahn liegt jedenfalls weder in der Länge ihrer Trasse noch in der Bauqualität ihrer Haltestellen begründet, sondern in der Tatsache, dass sie quer durch Athen verläuft und damit einen repräsentativen Querschnitt bietet. Sie beginnt bei den alten Siedlungen der Seeleute und Arbeiter in Piräus, gelangt über das Zentrum, den Omonoia-Platz, zu den kleinbürgerlichen Wohngegenden bis zu den noblen Vororten Maroussi und Kifissia. Vielleicht lieben die Athener gerade deshalb die Stadtbahn so innig, weil kein Buch, keine Landkarte und kein Kinofilm ihre Stadt in ihrer Gesamtheit so gut abbilden könnte.

Unsere Reise durch Athen durchläuft die vierundzwanzig Stationen der Stadtbahn und dauert eine knappe Stunde. Wer sich jedoch entschließt, an den Haltestellen auszusteigen und ihre Umgebung etwas genauer zu erkunden, wird Athen mit all seinen schönen und hässlichen Seiten kennenlernen, mit seinen verborgenen Überraschungen und aufregenden Gegensätzen, den antiken Stätten und den Spazierwegen, mit seinen ärmlichen Vierteln und seinem modernen, neureichen Antlitz, das auch heute, trotz der Krise, weiterbesteht, denn diese neureichen Viertel wurden von ihr weitgehend verschont.

Brichst du auf gen Ithaka,
wünsch dir eine lange Fahrt,
voller Abenteuer und Erkenntnisse,

meint der große Lyriker Kavafis in seinem Gedicht *Ithaka*. Kavafis lebte in Alexandria, Athen hat er erst als schwerkranker Mann besucht und kaum näher kennenlernen können. Hätte er hier gelebt, wäre ihm möglicherweise die Reise mit der Stadtbahn als Fahrt zu einem modernen, urbanen Ithaka erschienen.

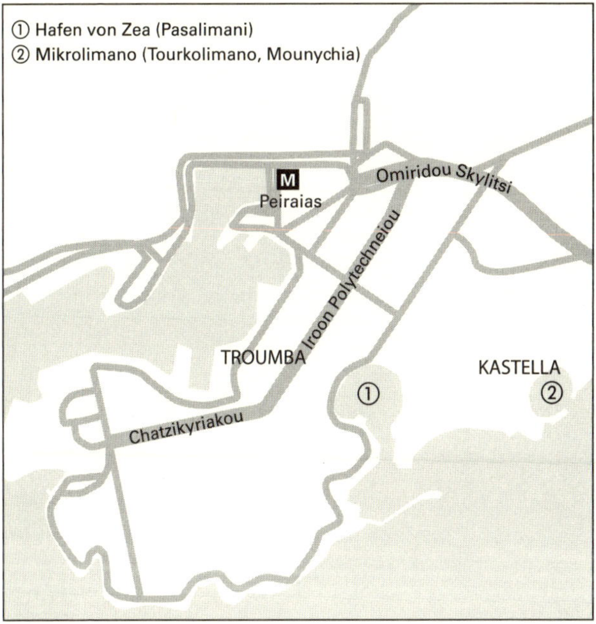

Piräus

Wenn man in den siebziger Jahren ein Taxi nahm, um von Athen nach Piräus zu fahren, meinte der Taxifahrer jeweils: »Gut, aber Sie müssen mir sagen, wo es langgeht. Ich bin Athener, in Piräus kenne ich mich nicht aus.« Dieselbe Erklärung, nur in umgekehrter Richtung, gab auch der piräotische Taxifahrer ab: »Ich bin aus Piräus und kenne mich in Athen nicht aus.« Die meisten Bewohner der attischen Tiefebene fuhren damals lieber mit der Stadtbahn und setzten ihre Fahrt dann mit einem Taxi vor Ort fort, um nicht unnötig umherzuirren.*

Heute haben sich die Taxiunternehmen von Athen und Piräus zusammengeschlossen, und die Fahrer kennen Athen genauso gut wie Piräus, doch in jenen Jahren verströmte Piräus – zumindest was sein Flair als »Sündenpfuhl« betraf – mehr Hafenatmosphäre als heute.

Piräus verfügte damals über die größte Anzahl schlecht beleumundeter Bars und Freudenhäuser in ganz Griechenland. Bewundern konnte man diese Ansammlung im sagenumwobenen Viertel von Troumba. In den fünfziger und sechziger Jahren pilgerte jeder junge Mann dorthin, um in die Geheimnisse der sexuellen Praktiken eingeweiht zu werden. Nach dem Besuch erhielt er die Akkreditierung zum Liebhaber. Nicht wenige Väter schätzten die Liebesdienste der Prostituierten, mit denen diese ihren Sprösslingen halfen, ihre Ängste und Hemmungen zu überwinden und sich so weit zu

* Apropos umherirren: Die Kartenausschnitte verzeichnen ausschließlich Ortsangaben, die im Text genannt werden. Alle Straßen sind gleich breit gezeichnet, unabhängig davon, ob es breite Boulevards oder kleine Gässchen sind. Sie ersetzen keinen ausführlichen Stadtplan, sollten aber die Orientierung erleichtern.

entspannen, dass ihr erster Versuch mit Erfolg gekrönt war. So entstand der Mythos der Hure mit dem guten Herzen, der in der Literatur, im Theater und vor allem im Kino der sechziger und siebziger Jahre vorherrschte. Romanseiten, Theaterbühnen und Filmszenen füllten sich mit einer Reihe von Frauen à la *Irma la Douce*. Das bekannteste Werk dieses Genres war Alekos Galanos' Theaterstück *Die roten Laternen*, das später verfilmt und in Griechenland zum wahrscheinlich größten Kinoerfolg der sechziger Jahre wurde.

Athen konnte nichts Gleichwertiges vorweisen. Es hatte keinen Hafen, und die Gegend rund um den Bahnhof war trist und heruntergekommen. Entlang der Eisenbahntrasse, die Athen und Piräus verbindet, ist mittlerweile zwar ein ganzes Viertel mit Bars und Restaurants entstanden; damals hingegen gab es nur ein schwindsüchtiges Nachtleben mit billigen und schäbigen Vergnügungen.

In jenen Jahren hatte auch das Zentrum von Piräus einen ganz anderen Charakter. Die großen Superfast-Fähren, die heute nach Kreta, auf die Kykladen und zu den Sporaden fahren, gab es noch lange nicht. Die Reisen erfolgten auf modrigen Pötten, und die Seeleute warteten hier auf ihre nächste Heuer, sei es auf einem Frachter oder einem Passagierschiff. Ganz Piräus war ein einziger Markt-

und Umschlagplatz von Seemännern, und wenn sie dann auf Reisen gingen, wussten ihre Familien oft nicht, ob sie in sechs Monaten, in einem Jahr oder vielleicht gar nicht mehr zurückkehrten.

Viele dieser Seeleute, vor allem die gut verdienenden Kapitäne, hatten oft eine Zweitfamilie in irgendeinem anderen Land. Die griechische Familie wusste zumeist davon, ließ sich jedoch nichts anmerken, solange sie das Kapitänsgehalt einkassierte, das ihr einen relativ hohen Lebensstandard sowie den Erwerb eines Einfamilienhauses erlaubte.

Piräus lebte fast ausschließlich vom Meer. Ein wichtiges Ereignis war jeweils die Ankunft der 6. US-Flotte. Diese spülte einmal im Jahr einen Haufen Dollar an Land, und davon profitierten ausschließlich die Etablissements in Troumba. Die übrigen Läden gingen leer aus. Die »Amis« kauften nämlich alles in der Kantine ihrer Schiffe ein und sparten ihr Geld für Barbesuche und Frauen. Wenn die Flotte dann nach drei Tagen wieder weg war, sah man da und dort noch ein paar junge Matrosen, die in einer Bar oder in einem Puff hängengeblieben waren. Deren Inhaber waren zumeist alte Hasen, verfügten über alle nötigen Telefonnummern und benachrichtigten die US-Militärbasen in Elliniko oder Nea Makri, wo sie ihre Pappenheimer wieder einsammeln konnten.

Das Bild von Piräus hat sich in den letzten Jahrzehnten gewandelt. Heute weist kaum mehr etwas auf seine Vergangenheit hin, nur hier und da trifft man noch auf spärliche Überbleibsel aus der alten Zeit. Die Gegend von Troumba wurde einer Säuberung unterzogen und bietet ein Bild der Trostlosigkeit. Das Viertel ist heute von Wohnblocks geprägt, die zwischen den gespenstischen Ruinen der nunmehr geschlossenen und verbarrikadierten Bars emporragen.

Dazu kommt, dass Piräus seine Vorherrschaft auf See eingebüßt hat. Der Handelshafen von Thessaloniki verschifft seit 1989 wesentlich mehr Güter nach dem östlichen Balkan, wohingegen alle großen Fähren Richtung Italien – nach Ancona, Brindisi oder Venedig – von Patras abgehen. Dennoch verfügt Piräus nach wie vor über die größten Schifffahrtsbüros, die meisten davon sind Agenturen der großen griechischen Schifffahrtsgesellschaften, die ihren Sitz vorwiegend nach London und zum Teil nach Zypern verlegt haben.

Piräus hat sich entlang der Küstenstrecke von Pasalimani ausgehend in Richtung der Peiraiki-Halbinsel bis hin zur Seekadettenschule ausgedehnt. Dieses Viertel heißt Chatzikyriakeio, nach der dort seit 1889 ansässigen Kinderschutzstiftung.

Die beiden Häfen von Piräus, die als Vergnügungsviertel dienen, bieten kaum mehr als zwei Ankerplätze und trugen mysteriöserweise bis vor kurzem türkische Namen. Der eine hieß Pasalimani (also Hafen des Pascha, d.h. des Generals) und der andere Tourkolimano (Hafen der Türken).

In der Antike lauteten ihre Namen Zea und Mounychia. Ich weiß nicht, wie der Übergang von der altgriechischen zur osmanischen Bezeichnung ohne offizielle Umbenennung erfolgen konnte. Die wahrscheinlichste Erklärung ist, dass die Entvölkerung der Gegend unter der jahrhundertelangen osmanischen Herrschaft dazu geführt hatte, dass die antiken Bezeichnungen in Vergessenheit gerieten, was die Osmanen aus praktischen Gründen zu einer Neubenennung veranlasste. Der Begriff Entvölkerung ist hier übrigens durchaus angebracht: Piräus zählte im Jahr 1821 bei Ausbruch des griechischen Aufstandes gerade mal 10 Einwohner. Danach ging es schleppend wieder bergauf: Im Jahr 1827 waren es ganze 27 und im Jahr 1835, ein Jahr nach der Ernennung Athens zur Hauptstadt, 1011 Einwohner.

In den sechziger Jahren hat Pasalimani seinen antiken Namen zurückerhalten und heißt nun wieder Zea. Von hier fahren Tragflügelboote zu den Inseln im Saronischen Golf. Tourkolimano nennt sich heute Mikrolimano (Kleiner Hafen) und verfügt über eine beachtliche Marina für Yachten und Segelboote. Zea und Mikrolimano gehören zu den angestammten Ausflugsorten der Einwohner von Piräus. Früher war die ganze Gegend voller Fischlokale, und die Athener kamen hierher, wenn sie »Edelfisch« essen wollten. Fischtavernen gibt es immer noch, doch wesentlich größer ist die Anzahl der kleinen Bars und Studentenlokale.

Ende des 19. Jahrhunderts, als Piräus zum führenden Hafen im Königreich Griechenland aufstieg, setzte ein starkes Bevölkerungswachstum ein. Eine weitere große Veränderung erlebte der Ort fast hundert Jahre später unter Bürgermeister Aristeidis Skylitsis während der Militärjunta. Heute ist der Name des 2006 verstorbenen Politikers in Vergessenheit geraten. Und dies kommt allen zupass. Nur wenigen jungen Piräoten sagt sein Name noch etwas, und die älteren tun so, als erinnerten sie sich nicht. Dabei erhielt er drei Jahre nach dem Fall der Junta bei den Gemeinderatswahlen von 1978 noch immer nahezu 49 % der Stimmen. Seine Wiederwahl wurde nur von einem Bündnis der beiden Großparteien verhindert, die um keinen Preis einen Junta-Anhänger auf dem Bürgermeistersessel sehen wollten. Nach außen hin wurde er von den Piräoten zwar verurteilt, doch bei den geheimen Wahlen wählten sie ihn systematisch wieder.

Besagte Veränderung lief in erster Linie auf eine Säuberung des Zentrums von Piräus und seiner näheren Umgebung hinaus. Der Bürgermeister ließ die Lokale in Troumba schließen, und auch den Baracken und kleinen Läden im Zentrum ging es an den Kragen. Skylitsis war ein Modernisierer der von mir vorhin beschriebenen Schule: Er ließ alles Alte und Originäre niederreißen und kleidete Piräus wie die Schülerinnen eines Mädchenpensionats in eine gleichförmige Uniform. Selbst die alte historische Uhr auf dem Hauptplatz ließ er abmontieren, verbannte die traditionellen Holzstühle mit dem Bastgeflecht aus den Kafenions und Esslokalen und ersetzte sie durch die schneeweißen Plastikstühle, die man heute auf den Wochenmärkten für Garten und Veranda verkauft.

Allerdings ließ Skylitsis die Finger von den Arbeitervierteln, von Drapetsona, das von und mit der Zementfabrik lebte, oder Perama und Keratsini mit ihren kleinen Werften. Dort hatte die Polizei durch die Verfolgung von Gewerkschaftern und Linken die Säuberungsaktionen übernommen.

Als einziger historischer Überrest blieb Piräus nur der Endbahnhof der Stadtbahn erhalten – nicht der ursprüngliche Bahnhof von 1869, sondern die jüngere Variante von 1928.

Neo Faliro

Die Haltestelle der Stadtbahn in Neo Faliro wirkt förmlich eingeklemmt zwischen dem Stadion für Frieden und Freundschaft auf der einen und dem Karaiskakis-Stadion auf der anderen Seite. Am Ausgang des Bahnhofs deuten die Wegweiser einzig zu den beiden Sportanlagen, ein anderes Ziel scheinen die Reisenden hier nicht zu kennen.

Diese beiden Bauwerke bilden mit einer Reihe von Gebäuden entlang der Küstenstraße – darunter Krankenhäuser und Fernsehstationen – eine undurchdringliche Wand, hinter der das eigentliche Viertel vollkommen verschwindet. Das heutige Neo Faliro erinnert in gewissem Sinne an Gran Canaria, auch dort trennt eine Wand die Insel vom Meer, und das wahre Gran Canaria liegt hinter dieser Küstenmauer.

In Neo Faliro präsentiert sich die Lage jedoch noch etwas extremer. Denn zwischen der Küstenstraße und den Gleisen der Stadtbahn erhebt sich eine zweite Wand aus frisch hochgezogenen Wohnblöcken. Von den alten ein- und zweistöckigen Häusern aus den fünfziger und sechziger Jahren ist nur ein kleiner, gnadenlos zwischen die Wohnblocks eingequetschter Rest übrig geblieben. Sie wirken mit ihren Gärten voller Bougainvilleen, Rhododendren und Akazien wie die Liliputaner in *Gullivers Reisen*, die sich ins Land der Riesen verirrt haben.

Auf ein solches altes Haus stößt man zum Beispiel gleich hinter den Kartenschaltern des Karaiskakis-Stadions. Es steht ganz allein, eingekerkert zwischen den klotzigen Bauten des Bahnhofs und des Stadions. Durch die offene Verandatür erspäht man an der Wand anstelle eines Bildes das Steuerrad eines Schiffes. Daneben steht auf einer Etagere das handgefertigte Modell eines Passagierschiffs.

Als ich Neo Faliro Ende der sechziger Jahre zum ersten Mal betrat, wirkte es wie eine Satellitenstadt von Piräus, obwohl es eine selbständige Gemeinde war. Die Mehrzahl der Einwohner waren einfache Seeleute. Die Kapitäne lebten eher in Kastella, die meisten jedoch auf den Inseln Hydra und Andros, woher sie auch überwiegend stammten. Neo Faliro hingegen war der Wohnort der Schiffsingenieure und der einfachen Matrosen.

In Ibsens *Die Frau vom Meer* verzehrt sich Ellida vor Sehnsucht nach dem Seemann, mit dem sie sich einst verlobt hatte. Genauso warteten noch vor ein paar Jahrzehnten die Frauen von Neo Faliro ihr Leben lang tagtäglich mit Herzklopfen auf die Rückkehr ihrer Ehemänner und Väter. Es waren Tage, Monate, vielfach auch Jahre voller Ungewissheit, da die griechische Schifffahrt in jener Zeit eher auf Quantität denn auf Qualität setzte. Die griechischen Reeder besaßen zwar eine große Handelsflotte, doch die meisten Schiffe waren alte und schlechtgewartete »Seelenverkäufer«. Wenn man die Büros einer Reederei betrat, geschah es nicht selten, dass man Frauen mit Kindern an der Hand im Vorraum antraf, die weinend die letzte Heuer oder die Entschädigungszahlung nach dem Tod ihres Mannes abholten, den irgendwo weit draußen die See verschlungen hatte.

Damals galt noch die baurechtliche Auflage, dass man entlang der Küstenstrecke nicht mehr als drei Stockwerke errichten durfte. Dann kam die Junta, schaffte die Einschränkung ab, und anstelle der drei Etagen wucherten bald fünf oder sechs in den Himmel. Die Junta hat die Küstenstraße zerstört, um die Herzen der Menschen zu gewinnen. Letzteres ist ihr zwar gründlich misslungen, doch die Bauunternehmer ergriffen die Gelegenheit beim Schopf, und die Bewohner machten eifrig mit bei dem Zerstörungswerk, zunächst in den teureren Gegenden wie Palaio Faliro, später – in den siebziger Jahren – auch in Neo Faliro.

Heutzutage hat sich die Lage vollkommen gewandelt. Viele Nachfahren der Seeleute haben andere Berufe ergriffen, bei den Reedereien ist nur mehr ein Bruchteil tätig. Die Reisen sind kürzer geworden, nicht nur weil die Fahrtgeschwindigkeit der Schiffe gestiegen ist, sondern weil die Seeleute mittlerweile per Flugzeug zu den Häfen fliegen, in denen die Schiffe vor Anker liegen, bzw. nach ihrer Abmusterung auf dieselbe Art nach Griechenland zurückkehren. Zudem wurde, vorwiegend durch die großen Gewinne der Reeder im Zuge der Schließung des Suezkanals zwischen 1973 und 1975, die griechische Handelsflotte von Grund auf modernisiert.

Heute sind auf den Schiffen nur mehr Kapitäne und Ingenieure Griechen. Alle anderen Arbeiten werden von den Migranten der Meere ausgeführt – von Pakistanern, Ägyptern, Syrern oder Thais.

Die Angehörigen der Seeleute haben heute keinerlei Schwierigkeiten mehr, einen Bau- oder Verbraucherkredit zu erhalten. In den sechziger Jahren hat nur der Krämer an der Ecke Verbraucherkredit gewährt. Jede Familie hatte zu Hause ein Heft, in dem sie anschreiben ließ. Darin vermerkte der Krämer die Einkäufe der Familie. Wenn die Heuer des Seemanns oder das Familienoberhaupt selbst eintraf, wurden die Schulden beglichen. Der Krämer strich die einzelnen Posten durch, riss die entsprechenden Seiten heraus und setzte auf der neuen Seite die nächste Summe fest, mit der die Familie anschreiben lassen konnte.

Geographisch gesehen beginnt Neo Faliro bei der Myrtidiotissa-Kirche und endet beim Fluss Kifisos. Die Gemeindegrenzen könnten aber auch gastronomisch definiert werden: Neo Faliro wird von Fischtavernen gesäumt, und zwar zwischen Mikrolimano im Südwesten und Tzitzifies im Osten.

Der Mikrolimano, auf dessen Geschichte ich schon im Kapitel über Piräus zu sprechen gekommen bin, ist der Ort, wo man traditionellerweise zu Mittag essen geht. Tzitzifies bietet die Fischtavernen für den Abend. Als man mich Anfang der sechziger Jahre zum ersten Mal zum Mikrolimano (damals noch Tourkolimano) ausführte, in einer Zeit, als ich nur sporadisch nach Athen kam, reihte sich dort Fischlokal an Fischlokal. Saß man an einem der Holztische mit seinen Baststühlen und hatte die Tavernen im Rücken, blickte man auf eine friedliche Bucht mit Fischkuttern. Wenn man hingegen mit dem Rücken zur Bucht saß, so blickte man auf Kastella, dessen Häuschen sich in den blauen Himmel erhoben.

Setzt man sich heute vor ein Lokal, schweift der Blick über eine Marina voller Yachten, die Fischkutter sind von der Bildfläche verschwunden. Natürlich kann man sich auch mit dem Rücken zur Bucht platzieren und nach Kastella blicken. Nur dass man dann keine engen, ansteigenden Gässchen und keine niedrigen Häuschen mehr sieht, sondern eine von Wohnblöcken übersäte Anhöhe.

Tzitzifies hingegen war das Vergnügungsviertel der kleinen Leute. Die dortigen Fischtavernen verfügten nicht über das Panorama des Tourkolimano (wie der Mikrolimano damals noch hieß), und die Kaschemmen hatten keinen Edelfisch auf der Speisekarte – frisch gefangene Goldbrassen, Zahn- und

Marmorbrassen. In Tzitzifies wurden kleine und preisgünstige Fische serviert: Schnauzenbrassen, Anchovis und Ährenfischchen. Verstreut zwischen den Esslokalen fanden sich auch Bouzoukischuppen für den Geschmack des kleinen Mannes.

In Neo Faliro waren also die Vergnügungen für den großen und den kleinen Geldbeutel scharf getrennt. Das hat sich inzwischen geändert. Striptease-Lokale, Discos, Rebetikolokale bestimmen allerorts das Bild.

Wenn ich heute die Bewohner der attischen Tiefebene, egal welchen Alters oder Geschlechts, schwärmen höre: »Wir waren Fisch essen am Mikrolimano« oder »Wir haben in Tzitzifies einen draufgemacht«, dann denke ich bei mir, dass solche Sätze in den sechziger und siebziger Jahren etwas sehr Spezifisches bedeutet hätten.

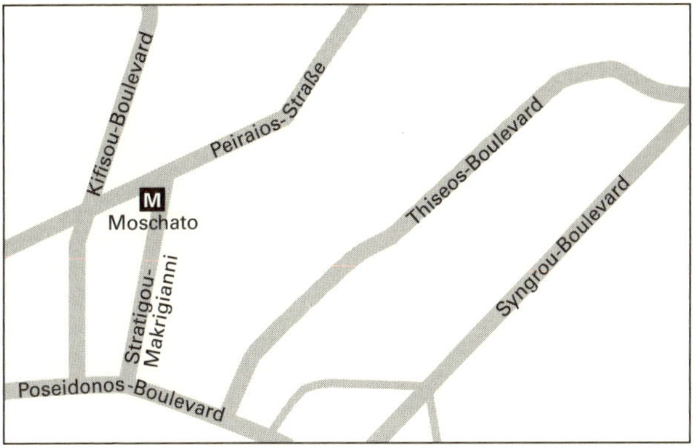

Moschato

Bevor ich nach Athen zog, besuchte ich die Stadt nur ein Mal jährlich – und zwar vorwiegend im Frühjahr. Dann lebte ich jeweils bei Verwandten meiner Mutter in Moschato. Es war eine Familie aus Kleinasien, die im Zuge des Bevölkerungsaustausches im Jahr 1923 nach Griechenland gekommen war. Ihre Armut war das Einzige, was sie aus der alten Heimat mitnehmen konnten, und so blieben sie ihr auch in der neuen Heimat verbunden.

Die Familie wohnte im Kellergeschoss eines Hauses mit Garten. Eines Nachts – es war Anfang der sechziger Jahre, so gegen zwei Uhr morgens – schlief ich friedlich beim Rauschen des Regens, als mich jemand an der Schulter rüttelte. Gleichzeitig hörte ich die Stimme meiner Cousine: »Wach auf, Petros, wir stehen unter Wasser!« Ich sprang aus dem Bett und sah, wie die Fluten durch Tür und Fenster hereindrangen. Meine Verwandten schienen daran gewöhnt zu sein, denn sie fanden mit geschlossenen Augen, was sie mitnehmen mussten: trockene Bettdecken und ein paar Kleidungsstücke. Kaum waren wir draußen, trieben die Möbelstücke schon auf der Wasseroberfläche.

Am nächsten Tag lauteten die Schlagzeilen der Zeitungen: »Kifisos wieder über die Ufer getreten!«

Der Kifisos bildet die natürliche Grenze zwischen Neo Faliro und Moschato. Er entspringt bei Dekeleia in Menidi, durchquert Attika und mündet schließlich in die Bucht von Faliro. Der einzige nicht durch Deiche gesicherte Abschnitt lag damals an der Flussmündung, und so waren diese Viertel – und zwar weniger Neo Faliro als vor allem Moschato – unzähligen Überschwemmungen ausgesetzt. Heute hat man auch an der Flussmündung einen Deich gebaut.

Das war das eine Markenzeichen von Moschato in den sechziger Jahren. Das andere waren die Armierungseisen, die aus den flachen Betondächern in die Höhe ragten. Sie verkörperten den Traum von einem zukünftigen zweiten Stockwerk – einen unästhetischeren Traum kann man sich kaum vorstellen. Verzicht und eiserne Sparsamkeit sollten ihn wahr machen – in Moschato lebten vor allem Handwerker, Bauarbeiter und Tagelöhner, die wesentlich weniger als die Seeleute von Neo Faliro verdienten.

In Vierteln wie Moschato konnte man ein interessantes Phänomen beobachten: Hier entwickelten die Leute eine »Kultur der Armut«. Dies zeigte sich in erster Linie an den Ausdrücken, die sie bei Auseinandersetzungen benutzten. »Ich bin ein Herr«, zum Beispiel. Das ist nicht ganz dasselbe wie »Ich bin ein anständiger Mensch«, denn der Anspruch, ein »Herr« zu sein, transportiert auch einen Klassenunterschied, der im Begriff »anständig« nicht unbedingt enthalten ist. Oder der schon im Altgriechischen bekannte Ausdruck *filotimo*, der bis Mitte der siebziger Jahre geläufig war, ein Ehrbegriff, der ein ehrliches und gewissenhaftes Bemühen kennzeichnete. Dieser Ausdruck wird heute fast nicht mehr benutzt. Kürzlich fragten mich die Organisatoren eines Literaturfestivals in Mantua nach einem Wort für ein Lexikon schwer übersetzbarer Begriffe, worauf ich ihnen das Wort *filotimo* nannte. Drei Übersetzer lagen sich wegen der Interpretation in den Haaren.

Heute sind es nicht mehr die Armierungseisen

im Beton, sondern die Bankkredite, die den Griechen vorgaukeln, dass ihre Träume dereinst doch noch in Erfüllung gehen. Die »Kultur der Armut«, die sie so gut beherrschten, ist ihnen abhandengekommen, und die »Kultur des Reichtums« haben sie nie erworben, obwohl seit dem Beitritt zur Europäischen Gemeinschaft im Jahr 1981 viel Geld ins Land geflossen ist. So schwebt die »Alltagskultur« der Griechen in einem Vakuum, und die Wirtschaftskrisen, die das Land beuteln, sind nicht wie in den sechziger Jahren der Armut, sondern dem schlechten Umgang mit dem Reichtum geschuldet. Das Fazit sind Bankkredite, die sie jetzt, in der Krise, nicht mehr bedienen können, so dass sie um ihre Häuser und Wohnungen bangen müssen.

Geht man heute die Stratigou-Makrigianni, die Hauptstraße von Moschato, entlang, dann sieht man keine Armierungseisen mehr auf den Dächern. Die einstöckigen Bauten wurden zweistöckig, viele auch dreistöckig und sehen damit aus wie die üblichen Wohnblocks. Dazwischen erblickt man Häuser mit vier oder fünf Etagen – hier kam eine Eigenheit des griechischen Baurechts zur Anwendung, die sogenannte *antiparochi*.

Dieses auf Tausch und Gegenleistung beruhende System war seit dem Beginn der fünfziger Jahre, unmittelbar nach dem Bürgerkrieg, die Triebfeder für die städtische Entwicklung. Und darauf gründete sich auch das »griechische Wirtschaftswunder«, wie es die Einheimischen spitzfindig nennen. Wer ein Grundstück besaß, überließ es einem Bauunternehmer und strich im Gegenzug eine Vierzimmerwohnung oder zwei Dreizimmerwohnungen ein, je nach Größe des Grundstücks und je nach Wert der Wohngegend. Moschato war eine preisgünstige Gegend, der Baugrund nicht sehr begehrt und die Einwohner Geringverdiener, so dass der Bauherr sparte, wo er konnte, um Gewinn herauszuschlagen, und zwar sowohl gegenüber den Grundstücksbesitzern als auch am Baumaterial. Und so wuchsen diese billigen Bauten in die Höhe und begannen bereits nach zehn Jahren zu bröckeln. »Der Bauherr hat uns reingelegt« – das hört man hier aus aller Wohnungseigentümer Munde. Ist Rom die Ewige Stadt und Paris die Stadt der Lichter, dann ist Athen die Stadt der *antiparochi*.

Viertel wie Moschato gibt es viele. Wenn ihnen irgendein Merkmal gemein ist, dann die Gesichtslosigkeit. Man könnte sagen, die Ausdruckslosigkeit der Gebäude bringt die schwache Persönlichkeit der Bewohner zutage – eine Mischung aus Kleingewerbetreibenden, Kleinbürgern, Beamten und Rentnern.

Früher waren die Geschäfte leer, und die Inhaber

standen in den Türrahmen ihrer Läden und plauderten miteinander. Oder sie stellten zwei Stühle und ein Tischchen auf den Bürgersteig, um mit einer Runde Tavli die Zeit totzuschlagen. Die meisten Geschäfte führten Kurzwaren oder preiswerte Schuhe, Hemden, Blusen und Unterwäsche. Nun sehen die Läden mit ihren eleganten Vitrinen modern aus und führen ausgewählte Waren, doch nach wie vor sind sie leer, und die Inhaber lehnen am Eingang, rauchen und werfen einander ein paar Worte zu. Nur das Tavlispiel ist von den Bürgersteigen verschwunden.

Je weiter man sich von der Stadtbahnstation entfernt, desto zahlreicher werden die alten Häuser. Hinter der renovierten Haltestelle steht immer noch das Berufsbildungszentrum des Arbeitsamtes, genauso farblos, nichtssagend und vernachlässigt wie vor fünfzig Jahren. Daran ist abzulesen, dass sich auch hinter der Fassade nichts geändert hat.

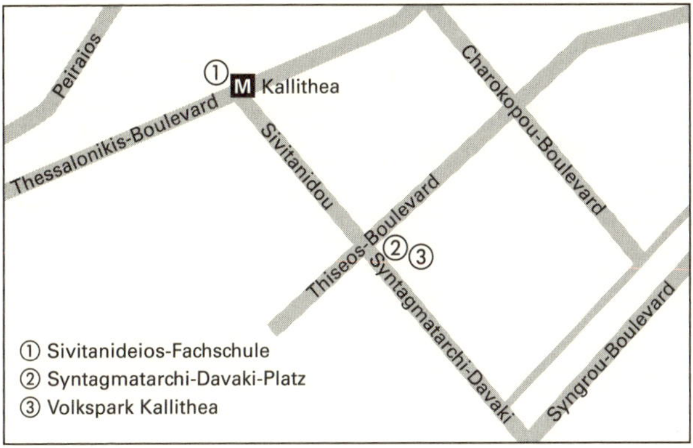

Kallithea

Kallithea … Bellevue … Belvedere …

Ein Freund von mir ist Komiker und spielte einmal auf dem Alexandras-Boulevard, dem Athener Broadway, in einer Revue mit. Solche Stücke waren bis in die neunziger Jahre ein fester Bestandteil des Sommervergnügens der Athener. Bei einem Interview für eine dieser auf das TV-Publikum zugeschnittenen Kultursendungen fragte ihn die Moderatorin:

»Ist das Stück, in dem Sie spielen, interessant?«

Mein Freund blickte sie kurz an. »Kennen Sie Shakespeares *Macbeth*, mein Fräulein?«

»Gewiss!«

»Kein Vergleich!«

Auf ähnliche Weise stehe ich auch Kallithea gegenüber. »Kennen Sie Ödön von Horváths Stück *Zur schönen Aussicht*? – Kein Vergleich!«

Mit Kallithea betreten wir das vielleicht einzige Mittelschicht-Viertel zwischen Piräus und dem Omonoia-Platz. Obgleich Kallithea an Moschato grenzt, haben die beiden Gegenden kaum etwas miteinander gemein. Vor allem ist Kallithea das viel größere Viertel. Es beginnt an der Stadtbahnhaltestelle, trifft östlich auf den Thiseos-Boulevard und endet am Syngrou-Boulevard. Von Kallithea führen neben der Stadtbahn auch zwei große Straßen zum Omonoia-Platz, der Thessalonikis-Boulevard und die Peiraios-Straße.

An dieser Stelle möchte ich auf gewisse Eigentümlichkeiten der Straßennamen zu sprechen kommen. Wer fremd in Athen ist und die Peiraios-Straße sucht, wird sie nirgendwo finden, höchstens auf ein paar veralteten Straßenschildern. Offiziell heißt sie Panagi-Tsaldari-Straße, nach einem sehr bekannten griechischen Politiker der Zwischenkriegszeit. Die großen Männer und die großen Ereignisse, allen voran Aristoteles und Eleftherios Venizelos, sind die Opfer eines jeden Stadt- und Gemeinderats. Opfer deswegen, weil die Athener Bürgermeister immer wieder die Eingebung überkommt, die seit Jahrzehnten eingebürgerten Namen bestimmter großer Straßen umzuändern und mit den Namen berühmter Männer und den Bezeichnungen wichtiger Taten zu versehen. Die Athener hingegen ignorieren diese Veränderungen geflissentlich und verwenden weiterhin die alten Straßennamen. So heißt die zweite Haltestelle der Stadtbahn in Kallithea Tavros-Eleftherios Venizelos, und zwar nach der Eleftheriou-Venizelou-Straße, die jedoch gemeinhin und allenthalben als Thiseos-Boulevard bekannt ist. Und wenn ein Besucher fragt, wo die Orfeos-Arkaden sind, wird man ihm antworten: auf der Panepistimiou-Straße. Nur dass er nirgendwo ein Straßenschild mit dieser Bezeichnung finden wird, sondern überall nur Eleftheriou-Venizelou-Straße. Die Panepistimiou ist formell inexistent, obwohl jeder sie kennt und kein Mensch einen anderen Namen verwendet. Wenn Sie mich fragen, wie Sie nach Kypseli kommen, dann sage ich: »Biegen Sie auf der Höhe des Amerikis-Platzes von der Patision-Straße nach rechts ab.« Nur, dass die Patision nicht existiert, obwohl alle sie so nennen. Offiziell heißt sie »Straße des 28. Oktober«. Ich hoffe, die Bürgermeister werden mir verzeihen, wenn ich in diesem Buch die eingebürgerten Bezeichnungen verwende.

Nach diesem Exkurs kehren wir wieder nach

Kallithea zurück. Da ist zunächst einmal der Thessalonikis-Boulevard, der parallel zu den Bahngleisen verläuft. Dann der Charokopou und der Syntagmatarchi-Davaki, die ebenfalls beide das ganze Viertel durchqueren. Der erste ist gewissermaßen in die Geschichte eingegangen wegen des Grünen Busses, der in den siebziger Jahren vom zentralen Syntagma-Platz bis nach Piräus fuhr. Das war damals die einzige Nachtbuslinie, alle anderen öffentlichen Verkehrsmittel – und somit auch »die Elektrische« – stellten um Mitternacht den Betrieb ein. Und so sammelte der Grüne Bus alle Nachtschwärmer auf, blieb an jeder Ecke des Charokopou-Boulevards stehen und lieferte die Fahrgäste vor ihrer Haustür ab.

Anders als in Neo Faliro mit seinen Seeleuten oder in Moschato mit seinen Kleinbürgern leben in Kallithea Rechtsanwälte, Firmenchefs von Klein- und Mittelbetrieben und Gymnasial- sowie auch Universitätsprofessoren, da die Panteion-Universität ganz in der Nähe liegt.

Wenn man früher die Stadtbahn bestieg, waren die sozialen Unterschiede augenfällig. Schon an ihrem Äußeren konnte man die Fahrgäste mühelos gewissen Haltestellen zuordnen. Man erkannte die Frauen und Kinder der Seeleute an fremdländisch anmutenden Kleidungsstücken, die der Vater oder

Ehemann von seinen Reisen mitgebracht hatte; die stiegen in Neo Faliro aus. Wenn jemand ärmlich gekleidet war, konnte man davon ausgehen, dass er in Moschato den Zug verließ, wohingegen in Kallithea die Angehörigen der Mittelschicht ausstiegen. Heute erschwert die »Jeans- und T-Shirt-Mode« eine solche Zuordnung. Heute ist alles, von der Kleidung bis zur Politik, ein Einheitsbrei: Alle gehören zu einer gleichgeschalteten »Mitte«. Einzig der Koffer gibt noch Auskunft über seinen Besitzer: An ihm erkennt man den Reisenden, der auf eine Insel fährt bzw. gerade von dort zurückkehrt.

Kallithea hat keinerlei Sehenswürdigkeiten aufzuweisen, vielleicht weil die Mittelschicht von Natur aus nichts Auffälliges hervorbringt. Das goldene Mittelmaß war noch nie bemerkenswert. Das einzige historische Gebäude in Kallithea ist die Sivitanideios-Fachschule für Kunstgewerbe: Sie ist die älteste gewerbliche Fachschule Griechenlands. Und sie erhebt sich, genau wie das Berufsbildungszentrum in Moschato, auf dem Thessalonikis-Boulevard direkt hinter der Bahnstation. Beide Bauten sind raumgreifend, jedoch ohne Charakter.

Bleibt noch das Denkmal des Oberst Davakis zu nennen, das den Helden aus der ersten siegreichen Schlacht im griechisch-italienischen Krieg von 1940 auf dem nach ihm benannten Platz abbildet.

Im Vergleich zum Zentrum von Moschato ist das von Kallithea zwar nicht ästhetischer, aber gepflegter. Doch auch Geschäfte »alten Schlags« fehlen nicht, die in den Schaufenstern alles, was der Betrieb nur zu bieten hat, ausstellen. Man könnte sie herablassend als »provinziell« bezeichnen, hätte nicht die Provinz in den zwei vergangenen Jahrzehnten den großen urbanen Zentren den Rang abgelaufen.

Der hiesige Volkspark ist nicht wie in Moschato eine Pseudo-Grünfläche, die rings um die Kirche läuft. Hier breitet sich ein richtiger Park – mit Springbrunnen, Rasenflächen und Bäumen – beiderseits der Sivitanidou-Straße aus.

Der Thiseos-Boulevard im Osten von Kallithea führt vom Knotenpunkt an der Kalliroi-Straße bis nach Tzitzifies und bildet den einzigen Zugang zur Bucht von Faliro. Daher ist er auch, in kommerzieller und gastronomischer Hinsicht, der lebhafteste Teil Kallitheas. Das alte Zentrum rund um den Bahnhof hat nach und nach an Bedeutung verloren und muss sich nun mit einer Nebenrolle begnügen.

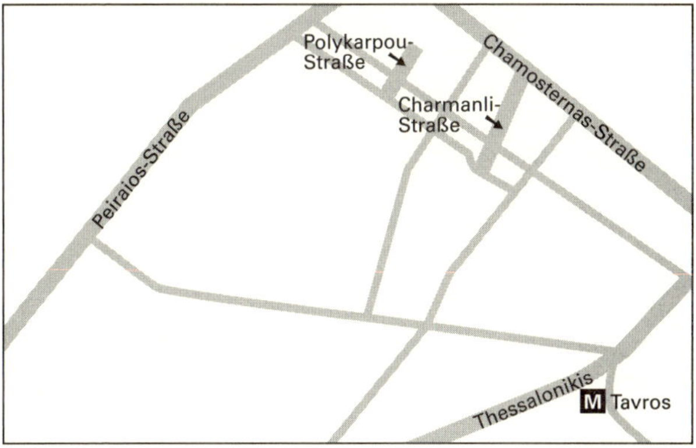

Tavros – Eleftherios Venizelos

»Maestro, passons la cadence!« – überspringen wir die Kadenz, meinte einmal der große Jacques Thibaud, als er Beethovens Violinkonzert spielte. Gerüchten zufolge bekämpfte er sein Lampenfieber mit Alkohol, denn damals gab es noch keine Beruhigungsmittel oder Betablocker. Bis es schließlich so weit mit ihm kam, dass seine Hände vor lauter Zittern die Kadenz nicht mehr spielen konnten.

»Maestro, passons la cadence!« – Denselben Wunsch verspüre auch ich an der Haltestelle Tavros: *»Passons Tavros!«* oder »Überspringen wir Tavros!«

Mein Wunsch hat aber weder mit meinem Alkoholkonsum noch mit Beethovens Violinkonzert zu tun. Er ist Ausdruck meiner Enttäuschung angesichts der unmittelbaren Umgebung. Denn wenn man die Haltestelle von Tavros verlässt, betritt man das Viertel am falschen Ende – da, wo noch alles an das kleinbürgerliche Kallithea erinnert. Zum richtigen Tavros-Viertel gelangt man über die Peiraios-Straße und nicht über die erst 1989 eröffnete Stadtbahnstation.

Die Viertel, die sich beidseits der Peiraios-Straße erstrecken, kann man nur begreifen, wenn man sich die Bedeutung der Peiraios-Straße für die Stadt Athen vor Augen führt. Hier beginnt mit Sicherheit der lebhafteste und aufregendste, aber auch der widersprüchlichste Teil der Hauptstadt.

Die Peiraios-Straße ist die Hauptverkehrsader, die Athen mit Piräus verbindet. Ursprünglich sollte sie die zentrale Straße Athens werden, da zunächst geplant war, das Königsschloss auf dem Omonoia-Platz zu errichten. Die Verlegung des Schlosses (des heutigen Parlamentsgebäudes) auf den Syntagma-Platz durch König Otto hat den Plan vereitelt und das Gebiet rund um die Peiraios-Straße in eine inoffizielle Industriezone verwandelt.

Die erste Industrieanlage, die an der Peiraios entstand, war die Gasfabrik, von den Anwohnern »Gazi« genannt. Ihr folgten die pharmazeutische

Firma Chropei, der Olivenölhersteller Elais, der Limonadenproduzent Ivi und in Richtung Zentrum die historische Schokoladenfabrik Pavlidis. Darüber hinaus lagen in Tavros die Schlachthäuser und in Rentis, der Verlängerung von Tavros, der Gemüsegroßmarkt.

Dementsprechend waren alle Viertel im Umfeld der Peiraios-Straße – Tavros, Agios Ioannis Rentis und Petralona – Arbeiterbezirke, die von den Industrieanlagen lebten. Tavros war darüber hinaus bekannt für seine Gerbereien, die einen durchdringenden Geruch verströmten. Heute ist er verflogen, da auch die Gerbereien verschwunden sind.

In all diesen Vierteln hausten Tagelöhner und Arbeiter in einfachsten Verhältnissen. Die industriellen Niederlassungen, die Schlachthäuser und der Gemüsemarkt boten vielleicht nicht sehr gut bezahlte, aber sichere Jobs.

Wer heute die Peiraios-Straße entlangfährt, sei er nun Ausländer oder Grieche, wird von alledem nichts mehr erkennen können. Die Straße wurde in den letzten beiden Jahrzehnten einem für Athener Verhältnisse einmaligen Renovierungsprozedere unterzogen und hat sich zu einer wahren Kunst- und Kulturmeile gemausert, die sich bis nach Psyrri, Kerameikos und Metaxourgeio erstreckt.

Den Anfang machte die historische Gasfabrik.

Im Jahr 1984 wurde sie geschlossen – einerseits wegen der gestiegenen Produktionskosten, andererseits und vor allem, weil sie für das Athener Zentrum und die Akropolis zu einer unhaltbaren Umweltbelastung geworden war.

Auf dem Fabrikgelände ist darauf das weitläufige Kulturzentrum Technopolis entstanden, das den städtischen Radiosender und eine Reihe von Ausstellungs- und Veranstaltungsräumen beherbergt. Auf dem Megalou-Alexandrou-Boulevard, ganz in der Nähe der Iera Odos, wurde das neue griechische Filmarchiv eingerichtet. Und etwas weiter, wiederum an der Peiraios-Straße, befindet sich das neue Benaki-Museum – in architektonischer Hinsicht eines der schönsten Athener Museen, in dem auch zahlreiche interessante Literaturveranstaltungen stattfinden. Des Weiteren liegen hier auch die Kunsthochschule sowie die Veranstaltungsorte des Athener Kulturfestivals, das im Sommer mit seinen Aufführungen unzählige Besucher anlockt.

Wer von hier aus ahnungslos nach links in die Chamosternas-Straße einbiegt, findet sich plötzlich, keine zweihundert Meter von der Peiraios-Straße entfernt, in einer überraschend anderen Welt wieder, die mit der Atmosphäre der »Kulturmeile« nicht das Geringste zu tun hat. Tavros war zusammen mit

Agios Ioannis Rentis und Petralona einst eine Hochburg der Linken. Daran erinnert ein Straßenschild, das mir hier ins Auge fällt: »Charmanli-Straße, benannt nach der Bruderstadt der Volksrepublik Bulgarien«.

Tavros ist der größte zum Athener Zentrum gehörige Stadtteil. Zwei Bahntrassen bilden seine Grenzen: die der »Elektrischen« und die der Linie Athen-Thessaloniki. Dazwischen erstreckt sich eines der ältesten Athener Arbeiterviertel mit zwei historischen Wohnsiedlungen, die zu den ersten ihrer Art in der griechischen Hauptstadt gehören. Die erste datiert aus dem Jahr 1950 und weist vier Etagen auf, die zweite wurde genau ein Jahrzehnt später, im Jahr 1960, errichtet und weist schon zehn Etagen auf. Alle übrigen Bauten des Viertels gleichen den alten Häusern in Moschato und sind demnach Ein- und Zweifamilienhäuser. Der Unterschied ist, dass in Tavros die Häuser keinen Garten haben wie in Neo Faliro oder Moschato, sondern das Erdgeschoss als Ladengeschäft genutzt wird.

Kleider, Schmuck, Sonnenbrillen werden hier feilgeboten. Die Läden verbreiten die Illusion, das Viertel verfüge über eine eigene, lebendige Einkaufsmeile. Doch drinnen sind sie leer, alles wirkt wie ausgestorben. Was von Tavros schließlich am meisten im Gedächtnis haften bleibt, ist nicht der schlechte Zustand der Häuser, sondern die traurige Ödnis der Geschäfte.

Die alten Esslokale von Tavros hatten stets einen Innenhof. An so eine Taverne gerate ich zufällig in einer Seitengasse der Polykarpou-Straße, doch sie wirkt eher gespenstisch als nostalgisch. Am Ende der Gasse umschließt eine Steinmauer einen kleinen Hof, in dem kaum sieben oder acht Tische Platz finden. Das dazugehörige Lokal hat geschlossen. Die Küche ist in einer Baracke untergebracht, so wie in all den kleinen Esslokalen dieser Kategorie, und darüber ragt einer jener Schornsteine in die Höhe, die abends den Duft gegrillten Fleisches über dem Viertel verbreiten.

Auf dem Weg durch Tavros muss ich an Manuel Vásquez Montalbán und an seinen Zorn aufgrund der Zerstörung der alten Arbeiterviertel von Barcelona denken, die im Zuge der Vorbereitungen für die Olympischen Spiele abgerissen wurden. Lösche man die Arbeiterviertel von Barcelona aus, zerstöre man die Seele der Stadt, meint Montalbán. Was das bedeutet, kann man in Tavros sehen. Bei uns war dafür keine Olympiade nötig, wir hatten sie schon vorher demoliert. Unweigerlich trifft man nun überall auf die üblichen riesigen Wohnblöcke auf Stützpfeilern, die den Anwohnern Garagenstellplätze bieten. Sie verunzieren ein Viertel, das einen derartigen architektonischen Missklang nicht verdient hat.

Das Einzige, was dieser farblosen Wohngegend etwas Menschliches verleiht, ist die Tatsache, dass es nach wie vor ein Proletarierviertel ist. Und: dass die Wohnblöcke noch nicht alle alten Häuser verdrängt haben. Einige von ihnen wurden sogar – wenn auch mit billigen Baumaterialien – renoviert. Und dann trifft man – hier und da – sogar noch auf ein paar Bäume.

Ich wurde ein Kastanienbaum im Gülhane Park,
und keiner hat's bemerkt, weder Du noch die Polizei.

So schrieb der türkische Dichter Nazim Hikmet aus dem Moskauer Exil an seine Frau Piraye. An diesen Zweizeiler musste ich beim Anblick der Akazienbäume in Tavros denken. Es sind nicht viele, doch vielleicht erregen sie gerade deshalb die Aufmerksamkeit des Spaziergängers. Sobald man ihnen Beachtung schenkt, sieht man das Viertel plötzlich mit anderen Augen.

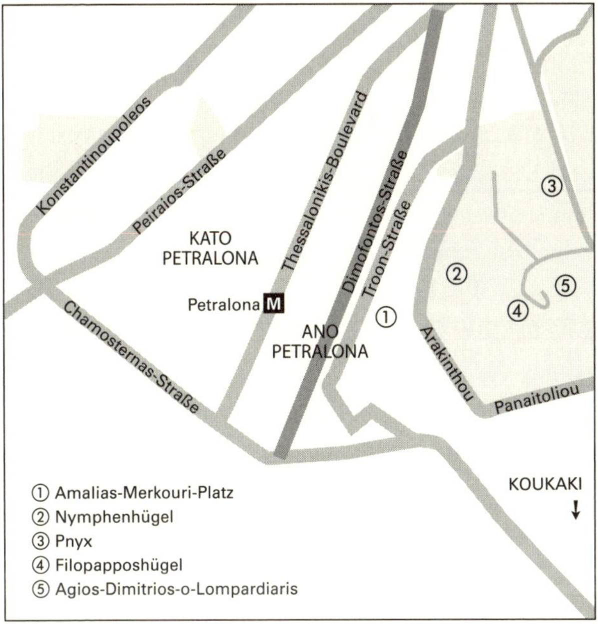

Petralona

In Griechenland berechnet man Entfernungen zu Lande zwar nicht in Meilen, doch die Bezeichnung der Peiraios-Straße als Kultur-, Vergnügungs- oder (pragmatischer gesehen) Fressmeile hat durchaus ihre Berechtigung. Letztere beginnt beim Konstantinoupoleos-Boulevard, ein Stück oberhalb ihrer Einmündung in die Iera Odos. Die eine Hälfte führt bis zur Petrou-Ralli-Straße, während die andere links in die Iera Odos führt, auf der Peiraios weitergeht, das Gazi-Viertel umfasst bis zur Persefonis-Straße und von dort den vergnügungssüchtigen Besucher nach Thiseio und Petralona weiterleitet. Diese »Meile« umfasst ein riesiges Gebiet von Bars, Restaurants, Bouzouki- und Nachtlokalen. An den Wochenenden sind sie proppenvoll, was auf der Iera Odos und der Peiraios regelmäßig zu einem Verkehrschaos führt.

Wenn man beispielsweise vom Gazi-Viertel auf die Persefonis-Straße kommt, reihen sich bis hin zur Konstantinoupoleos-Straße Trink- und Esslokale aneinander, die für jeden ästhetischen und kulinarischen Geschmack sowie jeden Geldbeutel etwas zu bieten haben.

Ganz offensichtlich gehen die Athener nach der seelischen Erbauung durch Kunst und Kultur schnurstracks zu den kulinarischen und alkoholischen Genüssen über. Das ist vielleicht tadelnswert, aber leicht erklärlich. Da man in Griechenland spät zu Mittag isst, wird es auch am Abend entsprechend spät. Ein Theaterstück beginnt nicht um sieben, sondern um neun, und danach geht man stets noch etwas essen. Keiner käme auf die Idee, zuerst zu essen und im Anschluss ins Theater zu gehen. Genau so funktioniert es mit den Kinobesuchen. Kein Wunder also, dass man in Athen bis um ein oder zwei Uhr nachts warm essen kann. In Deutschland – mit Ausnahme Berlins – und in der Schweiz leide ich wie ein Hund, da die Küche um zehn Uhr schließt. Die einzige Lösung ist dann jeweils ein Bahnhofsrestaurant. In Athen ist es der Fleischmarkt in der Athinas-Straße, der rund um die Uhr geöffnet hat. Dort kriegt man auch um sechs Uhr morgens ein deftiges Essen, wenn die Sattelschlepper mit den Fleischlieferungen eintreffen und die LKW-Fahrer in den beiden Lokalen sitzen, um ihrem Magen mit einem Teller Suppe etwas Gutes zu tun.

In den letzten Jahrzehnten hat sich das kulinarische Angebot in Athen vollkommen gewandelt. Seit den sechziger Jahren stellt man im Grunde ein langsames Verschwinden der traditionellen Taverne mit ihrem Patio und der althergebrachten Garküche fest, die manchmal nur zu Mittag oder mittags und abends aufhatte. Ganz verschwunden aus den zentralen Athener Stadtvierteln sind jene Geschäfte, die bis in die siebziger Jahre tagsüber als Lebensmittelladen auftraten und sich nachts in Tavernen verwandelten – dank der Waren, die der Krämer im Angebot führte. Oliven, Schafskäse, Makrelen und Sardellen wurden dann durch die Kochkünste der Krämersfrau ins rechte Licht gerückt.

Wie in ganz Griechenland gab es früher in Athen drei verschiedene Sorten von Esslokalen: zunächst einmal die Tavernen, die ausschließlich abends Speisen servierten, manchmal auch mit Musikbegleitung, die sich ursprünglich – so wie in der Plaka in der Zwischenkriegszeit – auf zwei Gitarren und Gesang beschränkte. Zum Zweiten gab es die Garküchen, die eine eingeschränkte Speisenauswahl boten und dazu Wein ausschenkten, und zwar ausschließlich Retsina. Die dritte Gattung waren die – nicht mit deutschen Kneipen vergleichbaren – Bierlokale, eine Art Garküchen mit Bierausschank, die eine größere Auswahl vorab gekochter Gerichte im Angebot hatten.

Bier war damals nur in ganz bestimmten Restaurants zu finden, bisweilen auch in Kafenions. Die Griechen und besonders die Athener tranken in erster Linie geharzten Wein, vorzugsweise vom Fass, denn Harzwein ist empfindlich und muss vorsichtig transportiert und gut gelagert werden. Er stammte aus der lokalen Weinproduktion, und es gab praktisch keine Taverne und keine Garküche ohne fassgelagerten Retsina. Der qualitative Niedergang setzte bereits in der Zeit der Militärjunta ein, als eine Athener Weinfabrik den Retsina als Flaschenprodukt zu vermarkten begann. Ende der siebziger Jahre wurde dann der Weinpreis freigegeben und begann in die Höhe zu klettern, so dass die Weinbauern ihre Beeren lieber für die Kelterung hochwertiger Weine zur Verfügung stellten und nicht für Retsina, der als preiswertes Getränk für den Massenkonsum galt. Und so landeten im Harzwein nur mehr die minderwertigen Trauben, was seine Qualität dramatisch verschlechterte. Heute ist der Retsinaverbrauch im Vergleich zu den sechziger Jahren um die Hälfte zurückgegangen. Dabei spielte auch das langsame Tavernensterben und das Verschwinden der alten Garküchen mit Weinausschank eine entscheidende Rolle.

Dann brach die »Ära des Fleischkonsums« an. Die Tavernen verwandelten sich in Grillrestaurants. Der griechische Kleinbürger entdeckte etwa zwanzig Jahre nach dem Ende des Bürgerkriegs die Form des abendlichen Ausgangs mit Fleischkonsumation, die bis heute vorherrschend geblieben ist.

Seit den neunziger Jahren gilt die sogenannte »Neue griechische Küche« als letzter Schrei. Sie blüht und gedeiht vorwiegend unter Großbürgern, Intellektuellen und Künstlern, wobei ihr Hauptmerkmal die vollkommene Tilgung jeder genuin griechischen Geschmacksrichtung ist. Die Küche, die sich in Griechenland nach dem Bevölkerungsaustausch von 1923 durchgesetzt hatte, war (abgesehen von den italienischen Einflüssen auf den Ionischen Inseln) die der kleinasiatischen Flüchtlinge – eine kleinbürgerliche Variante der gehobenen kleinasiatischen Küche aus Istanbul oder Smyrna. Mit ihr wuchsen Generationen von Griechen auf. Mit den Jahren gewann der mediterrane Charakter die Oberhand, wobei in Öl gekochtes Gemüse und Variationen türkischer Speisen in den Vordergrund traten, wie etwa Tzatziki, das in Griechenland mit dickem Joghurt serviert wird, in der Türkei jedoch wässrige Konsistenz hat und mit dem Löffel gegessen wird. Ein anderes Beispiel wäre das oft gescholtene Moussaka, das sich im Geschmack von der türkischen Variante unterscheidet. Ganz anders die »Neue griechische Küche«: Sie besteht aus einem Mischmasch aus Fleisch, exotischen Früchten und Gemüsen und Soßen mit Avocado, Kokosnuss, Grapefruit und ähnlichen Dingen. Die Verbannung jeglicher mediterranen sowie kleinasiatischen Note aus dem griechischen Essen ist damit – sehr zu meinem Bedauern – zu hundert Prozent gewährleistet.

Wie konnte es so weit kommen? Den ersten Tiefschlag bildete der Siegeszug der Souflaki-Spießchen. Der Todesstoß erfolgte durch die Fastfood-Ketten. Beide gehören sie zum Herrschaftsgebiet der Grillrestaurants. Immer häufiger komme ich an Fastfood-Lokalen vorbei und sehe Ehepaare über sechzig dort sitzen, die mit Tavernen und Garküchen groß geworden sind – und vor ihnen steht ein Plastiktablett mit einem Hamburger.

Petralona ist jedenfalls die einzige Gegend, in der man die traditionellen Gaststätten noch finden kann. In allen anderen Stadtvierteln, zumindest was das Athener Zentrum betrifft, sind sie in kleine Ecken und Seitengassen verbannt, wo man sie nur zufällig entdeckt oder vielleicht kennt, wenn man in der Nähe wohnt. Eine dieser Garküchen hat auch in Kypseli, wo ich wohne, überdauert, obwohl es in den siebziger Jahren noch ein gutes Dutzend davon gab.

Petralona besteht eigentlich aus zwei verschiedenen, jedoch koexistierenden Vierteln: Kato und Ano Petralona. Die Trennlinie verläuft entlang der Stadtbahntrasse. Wenn man Richtung Athener Zentrum fährt, sieht man links Kato und rechts davon Ano Petralona.

Kato Petralona ist sozusagen die Fortsetzung des Tavros-Viertels auf der anderen Seite der Chamosternas-Straße. Dieser Teil reicht bis zur Peiraios-Straße und zeigt zwei verschiedene Gesichter. Das eine kennen wir bereits vom Arbeiterviertel Tavros: dieselben Häuser, dieselben Straßen, dasselbe Schicksal der Menschen. Neben diesem reifen Gesicht entwickelte sich jedoch in den letzten Jahren ein anderes, jugendlicheres – ein Gesicht, das zur »Vergnügungsmeile« passt. Beide liegen im Widerstreit, doch der Ausgang des Konflikts zeichnet sich bereits ab: Das reife Antlitz ist aus einem einfachen, aber unerfreulichen Grund zum Tode verurteilt, denn Kato Petralona ist wie Tavros, Moschato, aber auch Neo Faliro ein Viertel mit hoher Arbeitslosenrate und besonders großer Jugendarbeitslosigkeit. Es ist erstaunlich, dass an einem solchen Ort die Cafés und die Bars vor den Arbeitsplätzen einziehen. Als ob Orte, an denen die Zeit und die Langeweile totgeschlagen werden können, wichtiger wären als Arbeitsplätze. Unzählige Cafés haben hauptsächlich junge Arbeitslose als Kundschaft. Da die Familien ihnen keine Arbeit beschaffen können, geben sie ihnen ein Taschengeld, das für ein Kaffee-Frappee oder einen Cappuccino freddo reicht, den sie dann hier oder im Zentrum trinken.

Ano Petralona hat einen ganz anderen Charakter. Die Unterscheidung von Stadtvierteln in *Kato* (Unter-) und *Ano* (Ober-) ist in Großstädten wie Athen oder Thessaloniki sehr verbreitet. Ein Viertel fängt erst mal klein an und wächst dann mit den Jahren immer weiter an, bis es eine bestimmte Markierung erreicht – einen Platz etwa oder auch ein historisches Gebäude – und von dort an die Beifügung Ano erhält: Ano Petralona, Ano Nea Smyrni, Ano Kypseli. Üblicherweise bedeutet Ano Folgendes: neuer, weiter vom Zentrum des Viertels entfernt, und allgemein gesprochen, ein Viertel zweiter Wahl. Letzteres trifft auf Ano Petralona jedoch nicht zu. Es grenzt am Merkouri-Platz an das Viertel Koukaki einerseits und an die Ausläufer des Filopappos-Hügels andererseits und bildet den hübscheren Teil von Petralona.

So wie man fast unmerklich von Tavros nach Kato Petralona gelangt, so übergangslos erreicht man von Ano Petralona den Stadtteil Thiseio, wo sich im 19. Jahrhundert mit Vorliebe das Athener Großbürgertum niederließ. Kato Petralona liegt auf einem flachen Gelände, Ano Petralona auf einem sanft ansteigenden Ausläufer des Filopappos-Hügels. Hier bestimmen Ein- und Zweifamilienhäuser das Bild. Erfreulicherweise sind diese nicht dem Tauschgeschäft der *antiparochi* und dessen Auswüchsen, den Wohnblöcken, zum Opfer gefallen.

Wie in Thiseio sieht man in Ano Petralona hier und da neoklassizistische Bauten, so zum Beispiel auf der Hauptverkehrsader von Ano Petralona, der Dimofontos-Straße. Offenbar übte Thiseio zu jener Zeit einen großen Einfluss auf die umliegenden Viertel aus. Wer es sich nicht leisten konnte, dort zu bauen, wich nach Petralona aus, wo die Grundstücke billiger zu haben waren, übernahm aber den Stil des vornehmeren Viertels.

Ich habe zwar nicht nachgezählt, aber ich bin mir ziemlich sicher, dass in Ano Petralona die meisten Akazien Athens stehen. Obwohl man diese Bäume auch in Kato Petralona und Tavros antrifft, so wirken sie hier doch besonders eindrucksvoll. Die Straßen um den Filopappos-Hügel, die Panaitoliou- und die Arakinthou-Straße etwa oder weiter unten die Troon- und die Dimofontos-Straße, zeigen sich dem Besucher alle im Schmuck der Akazien.

Die kulinarische Landschaft ändert sich in Ano Petralona beträchtlich. Die Bars sind hier, auf der anderen Seite der »Elektrischen«, klein und ruhig, mehr für einen gemütlichen Plausch geeignet als für lärmige Musik. Hier findet man noch die traditionellen Athener Tavernen und Garküchen, wie die Garküche von *Oikonomou* zum Beispiel, die immer noch die klassischen Speisen auf der Speisekarte hat, oder, ein paar Schritte weiter, das *O Periklis kai i gynaika tou,* wo man den Stockfisch mit Knoblauchsoße probieren sollte.

An solch ausgesuchten Orten findet man noch das einfache Essen, mit dem so viele Generationen groß geworden sind. Hier lässt sich erahnen, wie sehr sich die Küche und damit die Mentalität der Griechen in den letzten Jahrzehnten gewandelt hat.

Thiseio

Wer mit der Stadtbahn oder vom Gazi-Viertel her nach Thiseio kommt, findet sich schlagartig in einer ganz anderen Umgebung wieder. Wer hingegen von Ano Petralona kommt, hat sich bereits auf den

Charakter der Gegend einstellen können. Aber egal, aus welcher Richtung man auch nach Thiseio gelangt, es wird bald klar, dass sich dieser Bezirk von allen anderen zentralen Stadtteilen deutlich abhebt.

Wie in der Einleitung bereits erwähnt, wurde die Bahnstation von Thiseio im Jahr 1869 gleichzeitig mit dem Endbahnhof in Piräus errichtet. Und das ist kein Zufall. Thiseio ist zwar nicht der älteste Stadtteil des modernen Athen, bildete jedoch damals sein erstes Zentrum. Die Stadt breitete sich von Thiseio in alle vier Himmelsrichtungen aus: nach Norden, Süden, Westen und Osten.

Die Entscheidung, das neue Zentrum nach Thiseio zu verlegen, stammte nicht von den Einwohnern selbst, sondern vom ersten Herrscher des Königreichs Griechenland, dem Wittelsbacher Otto I. und seinen Beratern. Als Otto im Jahr 1833 beschloss, die Hauptstadt des neugegründeten Staates von Nafplion nach Athen zu verlagern, träumten die Bayern davon, auf den Ruinen des alten das neue Athen zu errichten.

Die Bayern hatten ausführliche Studien über die Stadt anfertigen lassen. Zudem brachten sie bedeutende Architekten mit, darunter auch den maßgeblichen Baumeister des bayerischen Königreichs und späteren Direktor der Kunstakademie in München,

Friedrich von Gärtner. Er sollte den königlichen Palast für Otto, das heutige griechische Parlamentsgebäude bauen. Die Bayern wussten, das schönste Stück des antiken Athen liegt bei Thiseio, und zwar im Bereich zwischen dem Friedhof von Kerameikos und der antiken Agora. Nur einen Katzensprung entfernt liegen die Akropolis, der Musenhügel, der Filopappos-Hügel, der Areopag, die Pnyx und der Nymphenhügel. Sie begannen mit der Bebauung des Viertels, ausgehend vom heutigen Agion-Asomaton-Platz in Richtung der gleichnamigen Straße.

Das moderne Athen war damals schon eine Stadt der Immigranten. Nur dass die Einwanderung, wie so viele andere Dinge in dieser Stadt, wider alle Erwartungen verlief. Die ersten Immigranten, die in Athen eintrafen, waren Adelige: Prinz Otto von Bayern und sein Gefolge. Auf dem Fuße folgten die militärischen und politischen Anführer des griechischen Aufstands von 1821. Diese zweite Welle von Einwanderern kam nicht aus eigenem Antrieb. Auch wenn sie den Titel eines Generals innehatten oder sich als Politiker bezeichneten, so waren sie doch vor allem einfache Bauern, die aus leidenschaftlicher Freiheitsliebe zu den Waffen gegriffen hatten. Sie liebten ihre peloponnesische Heimat, die sie eigentlich und verständlicherweise gar nicht verlassen wollten. Athen bedeutete ihnen nichts, wohingegen Nafplion damals eine blühende und wesentlich besser organisierte Stadt war.

Doch sie hatten ihr Schicksal mit dem des Thronfolgers verknüpft, und so folgten sie Otto, obwohl sie seine Vision des aus Ruinen wiedererstandenen Athen nicht teilten.

Im neugegründeten griechischen Staat gab es zunächst kein Bürgertum. Die osmanische Herrschaft hatte Griechenland – sowie auch den ganzen Balkan – von den Entwicklungen in Europa abgeschnitten. Eine kleine bürgerliche Schicht entstand zwischen 1830 und 1860, als Kaufleute und Gelehrte aus der Diaspora – aus Istanbul und Alexandria, aus den Donaufürstentümern und von der Schwarzmeerküste – herbeieilten, um zur Entwicklung des neuen Staates beizutragen.

Dies war die dritte Einwanderungswelle, die Athen erreichte. Das Stadtzentrum erweiterte sich vom Agion-Asomaton-Platz nach Nordosten zum Psyrri-Viertel und in Richtung Omonoia-Platz, nach Norden bis hinter die Peiraios-Straße zu einem Viertel, das heute Metaxourgeio heißt, und schließlich nach Südosten über die Ermou-Straße bis zum Syntagma-Platz – auf dieser Linie wurde die politische und kirchliche Führungsebene installiert. Der Grundstein zu Ottos Schloss wurde im Jahr 1836 auf dem Syntagma-Platz gelegt. Sechs

Jahre später, im Jahr 1842, begann der Bau der Kirche Mariä Verkündigung, der Athener Bischofskirche. Auf der Stadiou-Straße, die vom Omonoia- zum Syntagma-Platz führt, einer weiteren Verkehrsachse im Athener Zentrum, wurde nach der Ausrufung der konstitutionellen Monarchie im Jahr 1843 schließlich auch das erste griechische Parlamentsgebäude eingerichtet.

Die kleine bürgerliche Klasse Griechenlands hatte weder Gewicht noch eigenes Profil. Ihre Existenz hing von der Königsfamilie und deren Entourage ab. Deshalb folgte sie stets dem König, wohin er auch zog. Als sich die königliche Familie im Jahr 1913 dauerhaft im sogenannten Neuen Schloss – einem Werk von Ernst Ziller, einem anderen großen Baumeister – auf der heutigen Irodou-Attikou-Straße niederließ, folgte ihr die Bürgerschicht. Und so entstand das Kolonaki-Viertel, das in der Stadtgeschichte als Herzstück des Großbürgertums und als Dreh- und Angelpunkt des politischen Lebens eine entscheidende Rolle spielte. Denn vom Kolonaki-Platz aus konnte man die Koumbari-Straße entlang und über den Vasilissis-Sofias-Boulevard innerhalb von fünf Minuten das Schloss erreichen.

Diese Verlagerung läutete für das Thiseio-Viertel und das alte Athener Zentrum den rasanten Niedergang ein. Die Bewohner zogen nach Kolonaki um, wo von 1930 an die ersten großen Wohnbauten entstanden. Das alte Zentrum wurde seinem Schicksal überlassen und begann zu verfallen. Gleichzeitig blieb es ein Anziehungspunkt für Einwanderer – und das ist bis heute so.

Die nächste große Migrationswelle, die über Thiseio schwappte, entstand aus der Landflucht, die nach dem Bürgerkrieg zu Beginn der fünfziger Jahre einsetzte. Damals war das Viertel bereits ziemlich heruntergekommen. Die ehemaligen Wohnhäuser der Bayern rotteten vor sich hin, daneben entstanden rasch zusammengezimmerte Schuppen: Autowerkstätten, Maschinenfabriken und diverse Billigläden.

Doch auch die neuen Bewohner schlossen Thiseio nicht ins Herz, genauso wenig, wie es die Anführer des griechischen Aufstands getan hatten. Die Zuzügler träumten davon, dereinst in einem Neubau in einem anderen Viertel zu leben. Die meisten schafften es – die einen rascher, die anderen langsamer. Und so ließ sich die letzte Einwandererwelle in Thiseio nieder: Ägypter und Sudanesen und nach 1989 auch Menschen aus Albanien und anderen Balkanländern. Inzwischen wies die Gegend keine Spur der ehemaligen Pracht mehr auf, sie wurde zum Zentrum der Athener Unterwelt, des illegalen Arbeitsmarktes und Drogenhandels.

So seltsam es auch klingen mag, aber die Wiederbelebung des Viertels begann über die kleinen avantgardistischen Theaterbühnen Athens. Da bezahlbare Veranstaltungsorte rar waren, beschlossen sie, in die Gegend rund um Psyrri, nach Kerameikos und Metaxourgeio, abzuwandern. Das Athener Theaterpublikum war zunächst irritiert: Wer wollte schon ein Theaterstück im Herzen der Unterwelt sehen? Doch die Neugier überwog, und den Theatern folgten bald die Bars und Restaurants. Inzwischen hat sich die Gegend grundlegend gewandelt und beherbergt einige der interessantesten Athener Bühnen.

Die Rettung des historischen Thiseio-Viertels ist der international bekannten Melina Merkouri zu verdanken, die damals Kultusministerin war und für ein Griechenland stand, das gerade die Militärdiktatur überwunden hatte. Als sie den Zustand der Häuser aus der Zeit der bayerischen Herrschaft sah, veranlasste sie den Kauf und die Renovierung fast aller Gebäude durch das Kultusministerium.

Ich hoffe, der Leser verzeiht mir diese lange Abschweifung, doch in der Gegend von Thiseio und Metaxourgeio gehe ich am liebsten spazieren. Ich liebe dieses Viertel, da es so große Gegensätze in sich vereint.

Gehen Sie die Agion-Asomaton-Straße in Richtung Peiraios-Straße, so treffen Sie auf alle Widersprüche Athens. Zwischen den renovierten Häusern haben auch die billigen Schuppen überdauert, die Autowerkstätten und Maschinenfabriken. Dreirädrige Motorkarren und Mercedeswagen, Kunstlederjacken und Pelzmäntel sind hier, vor allem nachts, Seite an Seite unterwegs.

Die Gegend um den Agion-Asomaton-Platz bietet das vielleicht großartigste Panorama der Athener Innenstadt. Von dort aus und noch besser von der Melidoni-Straße aus kann man auf der einen Seite den antiken Friedhof von Kerameikos und auf der anderen Seite Thiseio, die antike Agora, die Pnyx und den Areopag sehen.

Wer seinen Rundgang nicht am Ende der Agion-Asomaton-Straße beendet, sondern die Peiraios-Straße überquert, findet sich in der Thermopylon wieder, einer der abstoßendsten Straßen Athens. Der aufmerksame Spaziergänger wird jedoch eine kleine Gasse zur Linken bemerken, die Granikou-Straße, und sich mit einem Schlag in tropische Gefilde versetzt fühlen. Nach gerade mal achtzig Metern mündet das Gässchen in die Salaminos-Straße. Die wiederum ist eine Fußgängerzone mit einigen schön renovierten Gebäuden aus der Jahrhundertwende. Noch interessanter jedoch ist die parallel zur Granikou verlaufende Agisilaou-Straße, obwohl sie eigentlich etwas farblos wirkt, wenn man von zwei alten Herrschaftshäusern absieht. Doch auf dieser Straße befindet sich der Spaziergänger mitten im ursprünglichen Zentrum des modernen Athen – und das macht ihren Reiz aus.

Das wäre der eine nette Spaziergang. Den anderen, den ich für den schönsten in ganz Athen halte, unternimmt man am besten bei Sonnenuntergang in der Stunde der Dämmerung. Er beginnt bei der Haltestelle Thiseio, durchquert den kleinen, angrenzenden Hain und führt die Apostolou-Pavlou-Straße entlang, wobei man die Akropolis zur Linken im Blick hat. Der Flaneur sollte sich nicht vom Eindruck des ersten Abschnitts der Apostolou-Pavlou-Straße abschrecken lassen, von den kitschigen Kafenions und anderen geschmacklosen Lokalen, die hier massenhaft zu finden sind. Nach ein paar Schritten trifft man rechts, zwischen den alten zweistöckigen Häusern, auf das älteste Open-Air-Kino Athens namens Thiseion, das im Jahr 1935 gleich vis-à-vis vom Areopag eröffnet wurde. Richtig hübsch wird es, sobald die »Vergnügungslokale« jeglicher Art hinter Ihnen liegen und der ansteigende Abschnitt hoch zur Dionysiou-Areopagitou-Straße beginnt. Dort, wo die Apostolou-Pavlou in die Dionysiou-Areopagitou mündet, kann man nach rechts abbiegen und den Park durchqueren.

Nach ein paar Minuten kommt man zur Agios-Dimitrios-o-Lompardiaris, der Kirche, in der die Athener am allerliebsten die österliche Auferstehungsfeier besuchen. Alternativ kann man den Spaziergang auch bis zur Dionysiou-Areopagitou fortsetzen, wobei die Akropolis und das Herodes-Attikus-Theater zur Linken liegen. An der Straßenecke zur Makrygianni-Straße befindet sich das neue Akropolis-Museum.

Hier sollte man einen Moment innehalten und zunächst zum Akropolis-Hügel und dann zum dahinterliegenden Lykavittos-Hügel blicken. Die beiden Erhebungen stehen einander seit ewigen Zeiten gegenüber, wobei dem zugereisten Besucher vielleicht nicht bewusst ist, dass beide zusammen gewissermaßen Griechenland symbolisieren. Verkörpert der Akropolis-Felsen das antike Hellas, so steht der Lykavittos mit seiner Agios-Georgios-Kapelle für das neue Griechenland mit seiner christlich-orthodoxen Tradition. Wenn nun der Besucher den Eindruck gewinnt, die Akropolis schaue auf den Lykavittos mit einiger Überheblichkeit hinab, dann gewiss nicht ganz zu Unrecht. Historisch scheint eine solche Sicht jedenfalls einigermaßen gerechtfertigt.

Eine wunderbare Strecke also für den Stadtwanderer – enttäuschend nur das gastronomische

Angebot, abgesehen vielleicht (mit etwas gutem Willen) vom Restaurant Dionysos, gleich vis-à-vis der Akropolis. Schade, denn wie gesagt halte ich die abendliche Dämmerstunde für die schönste Tageszeit für einen Spaziergang durch diese Gegend, und Bewegung fördert bekanntermaßen den Appetit.

Und da wir vom Tage schon zur Dämmerung übergegangen sind, so liegt es nahe, den Rundgang durch Thiseio nachts zu beschließen. Wer hier zum ersten Mal nach neun Uhr abends aus der Stadtbahn aussteigt, wird überrascht sein, wie viele junge Leute rund um den Bahnhof anzutreffen sind. Der Altersdurchschnitt liegt kaum über fünfundzwanzig. Sie bevölkern den Thiseio-Park bis hin zur Apostolou-Pavlou-Straße, denn hier findet das Nachtleben statt, und zwar hauptsächlich auf der Irakleidon- und der Thessalonikis-Straße. In der ersten liegen die Stammlokale der jugendlichen Besucher, die Bars und Mezze-Lokale; jeden Abend geht es dort bis drei oder vier Uhr morgens hoch her. Die Thessalonikis-Straße hingegen lockt mit zwei sehr bekannten Tavernen – oder besser gesagt, Grillrestaurants – eher die älteren Semester an. Früher waren diese beiden Gaststätten volkstümlich, heute sind sie *trendy,* und dementsprechend hat sich das Speisenangebot verschlechtert. Tavernen und Garküchen wie in Petralona findet man in Thiseio nicht, obwohl die beiden Viertel kaum einen Steinwurf voneinander entfernt liegen. Je näher man der »Spaßmeile« im Gazi-Viertel kommt, auf welches die Irakleidon- und die Thessalonikis-Straße zuführen, desto mehr werden die tradionellen Gastwirtschaften durch moderne Vergnügungslokale verdrängt.

Monastiraki

Monastiraki gilt unter Athenern und Touristen als das »Tor« zur Plaka – dies, obwohl die Plaka auch vom Syntagma-Platz über die Navarchou-Nikodimou- und die Kekropos-Straße erreicht werden kann. Diese Bezeichnung lässt sich vermutlich damit erklären, dass Monastiraki der älteste Teil des modernen Athen und die Plaka dessen ältestes Viertel ist. Als im Jahr 1834 die Hauptstadt des neugriechischen Staates von Nafplion nach Athen verlegt wurde, belief sich die Bevölkerung auf 12 000 Einwohner, die alle in der Plaka am Fuße der Akropolis wohnten. Otto und seine Bayern beschlossen damals, den Kerameikos-Park mit Monastiraki und dieses mit dem Schloss am Syntagma-Platz zu verbinden, und zwar durch die Ermou-Straße. Der Plan ist gelungen, aber auf ganz andere Art und Weise als ursprünglich gedacht.

Die Plaka ist ein Stadtteil mit vielen Gesichtern und vielen abenteuerlichen Geschichten. Unter der osmanischen Herrschaft lebten die Osmanen oben auf dem Akropolis-Felsen. Nur für ihre rituellen Waschungen und zum Gebet kamen sie in die beiden Moscheen herunter. Die eine, die Tzistarakis-Moschee, ist im Jahr 1759 durch den Wojwoden von Athen errichtet worden und liegt der heutigen Station Monastiraki genau gegenüber – mittlerweile ist dort ein Ableger des Volkskunst-Museums untergebracht. Das andere Gotteshaus wurde »Moschee der antiken Agora« genannt und liegt etwas höher, an der Einmündung der Pelopida- in die Panos-Straße. Der einzige erhaltene Hamam der Osmanenzeit ist das Badehaus des Abid Efendi, heute unter der Bezeichnung »Badehaus der Winde« bekannt.

Die enge Verflechtung mit den Osmanen erwies sich für das Plaka-Viertel während des griechischen Aufstands 1821 als fatal, da die Osmanen in ihrem Rachedurst alles dem Erdboden gleichmachten. Die Bewohner der Plaka bauten ihr Viertel zwar wieder auf, doch es kam erst nach der Ankunft der Bayern zu seinen alten Ehren, da die Akropolis für diese einen zentralen symbolischen Wert hatte. Und zwar nicht nur die Akropolis selbst, sondern auch die beiden Agoras: die antike und die römische Agora.

Aus dieser Zeit datiert auch die Mischform aus Plaka-Bauweise und neoklassizistischem Stil. Die traditionellen Häuser waren ein- oder zweistöckig und zuweilen mit Patios versehen. Daher hat man bei einem Spaziergang durch die Plaka an manchen Stellen das Gefühl, durch das Viertel einer italienischen Stadt oder durch die Gässchen einer Ionischen Insel zu flanieren. Jedenfalls hatten die Bayern die geniale Eingebung, ihre neoklassizistischen Bauten in den Farben der alten Plaka-Häuser zu streichen.

Die größte Blüte erlebte die Plaka in der ersten Hälfte des 20. Jahrhunderts, als es das Athener Vergnügungsviertel par excellence war. Das schlug sich auch im Liedgut nieder. Besonders beliebt war die »Cantata« – eine populäre Liedform, die ursprünglich von den Ionischen Inseln stammte. Viele dieser Lieder waren wahre Hymnen auf Athen und bezogen sich bis in die fünfziger Jahre hauptsächlich auf die Plaka. So sangen die Lebemänner, wie man damals sagte, auf den Straßen etwa folgendes Lied:

Mit Plaka und Akropolis
den Säulen und den Gärten
malt der Morgen seidenzart
Athen, dein Rosengesicht

Diese Verse zeichnen mit ein paar Pinselstrichen ein anschauliches Bild – die Anklänge an Szenerien der Ionischen Inseln sind deutlich wahrnehmbar. Beliebt war auch folgendes Lied:

Wo du auch bist
denk an das Himmelsblau
das Gassengewirr und die Patios
im Athener Abendrot

Da hat man sie wieder, die »Patios« und das »Gassengewirr« des Plaka-Viertels. Was das »Himmelsblau« betrifft, so verfügte Athen damals tatsächlich noch über das Privileg eines tagsüber zumeist tiefblauen und nachts sternenklaren Himmels. Heute ist dieses Lied in Vergessenheit geraten, es würde wohl auch unfreiwillig ironisch klingen, da der Smog, der nun über der Stadt lastet, inzwischen das Blau des Himmels verschluckt hat. Das andere hört man hingegen noch ab und zu im Radio.

Die Plaka war über Jahrzehnte zwischen September und Mai der Mittelpunkt des Athener Nachtlebens, nicht zuletzt, weil in den Tavernen oft auch Musik aufspielte – klassisch das Gesangsduo mit Gitarrenbegleitung. Einige später erfolgreiche Sänger starteten hier ihre Karriere.

So seltsam das heute klingen mag: Die aus Kleinasien stammende Bouzouki, deren Höhenflug in den fünfziger Jahren begann und die bis dato das populäre Liedgut beherrscht, galt nach dem Zweiten Weltkrieg als Arme-Leute-Instrument und sorgte für eine Atmosphäre, die an die heruntergekommenen Kaschemmen in Piräus erinnerte.

Der Verfall setzte mit der schrittweisen Umwandlung der Plaka in einen reinen, abgezirkelten Bereich des Athener Nachtlebens ein. Die Nachtlokale nahmen überhand und vertrieben die Anwohner: Entweder verkauften oder vermieteten sie ihre gewinnträchtigen Immobilien und zogen freiwillig weg, oder sie wurden mit überzogenen Mieten dazu gedrängt, das Viertel zu verlassen. Den Tiefpunkt erreichte diese Entwicklung, als in den Jahren der Militärregierung einerseits das Lokalkolorit der Plaka verlorenging, andererseits das Unterhaltungsangebot auf niedriges bis anrüchiges Niveau sank.

Hatte Melina Merkouri die Häuser der Bayernherrschaft und die neoklassizistischen Bauten gerettet, so zeichnete ein Architekt und Städtebauer, der später Minister für öffentliche Arbeiten wurde, für die Erhaltung der Plaka verantwortlich: Antonis Tritsis. Er ließ die Gegend unter Denkmalschutz stellen, änderte die Gesetzgebung über die Grundstücksnutzung und sicherte den Hausbesitzern niedrig verzinste Darlehen zu, damit sie ihre Häuser sanieren konnten. Einige dieser alten Plaka-Häuser kann der Spaziergänger heute in der Poikilis-Straße besichtigen.

Heute ist die Plaka ein teures Pflaster, weil in diesem Viertel zwei Dinge gelungen sind: Zunächst wurde sie erhalten, dann – was in Griechenland selten vorkommt – vor der Profitgier ihrer eigenen Anwohner in Schutz genommen. Hier hat die *antiparochi* nie Fuß gefasst. Inzwischen müssen die Leute hier genauso wie in Thiseio Unsummen zahlen, um die Überreste der Häuser zu erwerben, die von ihren Vorfahren schnöde verlassen wurden.

Die alten Tavernen sind jedoch nicht erhalten geblieben. Je mehr Touristen dieses Viertel Athens besuchten, desto mehr veränderte sich auch das Speisenangebot hin zu einer nur mehr vorgeblich griechischen Küche. Die einzige Taverne, die ihre ursprüngliche Ästhetik und die alten Gerichte behalten hat, ist das seit 1932 existierende Lokal Platanos. Es liegt auf einem kleinen Platz, auf den man von der Ecke Markou-Avriliou- und Diogenous-Straße her gelangt, gleich neben dem Musikinstrumenten-Museum. Gegenüber der Taverne gab es eines der ältesten Athener Kafenions, das ebenso Platanos hieß. Es musste im Jahr 2004 nach der Olympiade schließen, da sich der letzte Besitzer aus Altersgründen zurückzog.

Die wichtigste Achse durch diese Gegend ist die Ermou-Straße. Vielleicht hatte der Verfasser des ersten oben erwähnten Liedes diese im Sinn, als er die Verse der zweiten Strophe schrieb:

Tür an Tür
leben Arm und Reich
wie Bruder und Schwester

Jedenfalls war die Ermou zu jener Zeit und bis in die siebziger Jahre symbolhaft für das friedliche Zusammenleben aller sozialen Schichten Athens innerhalb eines einzigen Kilometers. Obgleich es von den Bayern nicht in dieser Form geplant war, glaube ich, dass es in keiner anderen europäischen Stadt je eine ähnliche Verdichtung sämtlicher repräsentativer Gesellschaftsschichten in nur einer einzigen Straße gab.

Wenn man heute vom Kerameikos bis zum Agion-Asomaton-Platz durch die Ermou geht, kommt man an einem sehr schönen Park vorbei, der kurz vor den Olympischen Spielen angelegt wurde. Bis dahin bildete dieses Stück den elendesten Teil der Straße. Auf der linken Straßenseite lag damals wie heute die Remise der Trolleybusse. Der ganze rechte Gehsteig war von Buden gesäumt, in denen es billiges Plastikspielzeug, Rummelplatzbedarf und Spielplatzzubehör zu kaufen gab. Die Budeninhaber saßen auf dem Bürgersteig und musterten wortlos die wenigen Passanten, die kaum einen Blick auf die Waren warfen. Ab und zu verirrte sich eine einfach gekleidete Frau hierher, auf der Suche nach einem preisgünstigen Spielzeug für Kind oder Enkel. Die Händler richteten ihr Warenangebot nicht an Laufkundschaft, sondern an Schausteller.

Der Teil der Ermou zwischen Agion-Asomaton- und Monastirakiou-Platz lag in sozialer Hinsicht eine Stufe höher. Hier kauften die ärmeren Griechen ein, später dann die »zu Wohlstand gekommenen« Migranten. In dieser Gegend war alles zu finden, angefangen von Küchenutensilien und Möbeln bis hin zu Kleidung und Schuhwerk billigster Machart.

Mehr Spannung versprechen jedoch die beiden

Parallelstraßen Ifaistou und Adrianou. Die Ifaistou war früher der Flohmarkt Athens (und ist es theoretisch immer noch) und hieß Yusurum, nach dem gleichnamigen Antiquar jüdischer Herkunft, dem ersten Vorsitzenden des Verbandes der Antiquitätenhändler. Hier lag der große Umschlagplatz alter Bücher, auf dem man alles und jedes finden konnte, anfänglich zu Spottpreisen und später, als das Interesse stieg, bisweilen erheblich überteuert. Es gab und gibt darüber hinaus auch eine große Auswahl antiker Möbel. In einem der Buchantiquariate fand ich an einem Sonntagmorgen des Jahres 1980 die komplette Serie des Brockhaus' Conversations-Lexikons von 1882. Wer weiß, welcher der deutschen Sprache mächtige Großvater verstorben war, worauf seine Bibliothek von der Familie veräußert wurde! Und einige Jahre später fiel mir das Gründungsmanifest eines sehr bekannten Athener Theaters in die Hände, und zwar des von Karolos Kuhn gegründeten Kunsttheaters Athen. Es war auf dem zweiseitigen Programmheft zu Aristophanes' *Reichtum*, der allerersten Inszenierung dieses Theaters, abgedruckt. Als ich den Buchhändler nach dem Preis fragte, deutete er auf einen Stapel von Programmheften aus Revue- und Boulevardtheatern mit den Worten: »Pro Stück vierzig Drachmen.« So gelangte ich in den Besitz des Gründungsmanifestes des Kunsttheaters für ganze 40 Drachmen, was heutigen 12 Cent entspräche.

Heute ist, wenn ich mich nicht täusche, nur mehr ein einziges Buchantiquariat übrig geblieben. Als ich zuletzt in das Souterrain hinunterkletterte, erkannte mich der in die Jahre gekommene Besitzer und kam auf mich zu. »Könnten Sie nicht jemanden finden, der wenigstens die ganz alten Bücher übernimmt?« Und er fügte noch hinzu: »Ich werde den Laden aufgeben müssen und befürchte, dass die neuen Inhaber alles auf den Müll werfen werden.«

In der Mitte der Ifaistou-Straße liegt der kleine Avyssinias-Platz, der zu den schönsten Orten der Stadt zählt. Die Eingeweihten werden Ihnen verraten, dass man hier tolle Mezze-Lokale finden kann. Das stimmt, aber die interessanteste »Antiquität« ist das älteste Athener Kafenion, *To chani tou Othona* (Ottos Herberge), das im Jahr 1824 eröffnet wurde. Der Bayernkönig Otto, auf den der Name anspielt, war damals noch gar nicht in Athen. Daher dürfte der Wirt sein Lokal wohl erst nach Ottos Ankunft ihm zu Ehren umbenannt haben. Es ist eines der letzten Kafenions, die noch Ouzo mit Vorspeisenhäppchen servieren.

Heute gibt es unzählige Mezze-Lokale in Athen, doch die wenigsten sind wirklich gut. Früher gab es solche Lokale gar nicht, vielmehr wurden in den Kafenions Häppchen zum Ouzo serviert. Dabei gab es folgende Tradition: Mit jedem bestellten Ouzo wurde das mitgereichte Essen üppiger. Beim ersten Glas wurden Oliven oder Käse-Kanapees serviert. Nach dem dritten brachte der Wirt einen ganzen Vorspeisenteller. Ottos Herberge hält diese Tradition immer noch hoch, und das in einer Zeit, in der man Ouzo – wie Whisky – überall mit einer Handvoll Pistazien und Erdnüssen bekommt.

Die andere Seite des Avyssinias-Platzes führt auf die parallel zur Stadtbahn verlaufende Adrianou-Straße, zur antiken Agora und der Attalou-Passage. Heute hat diese Gegend nichts anderes als Touristenlokale zu bieten. Zuweilen trifft man hier auf Nikos Koemtzis, der auf einem Tischchen den Billigdruck seiner Autobiographie feilbietet. Wenn er nicht auf seinem Posten ist, dann hat er sein Tischchen an der Ecke Ifaistou-Straße und Avyssinias-Platz aufgestellt. Jedes Mal, wenn ich ihn grüße, möchte er mir ein Exemplar seiner Autobiographie verkaufen.

»Nikos, die habe ich schon dreimal zu Hause«, sage ich dann.

»Dank dir schön, mein Freund«, erwidert er jeweils.

Einmal ging ich mit einem Schweizer Ehepaar

die Adrianou hoch und stellte sie ihm vor. Als wir weitergingen, sagte ich zu ihnen: »Gerade habt ihr dem prominentesten Mörder Griechenlands die Hand geschüttelt.«

Die Schweizer aus der schönen Stadt Zürich erbleichten und begannen zu zittern, und ich erzählte ihnen seine Geschichte. Die Brüder Koemtzis hatten eines Abends zur Juntazeit in einem Nachtlokal neun Menschen niedergemäht, einzig und allein wegen eines Tanzsolos! Ein solches bestellt ein Tanzlokalbesucher bei den Musikern, um es ganz allein zu tanzen. Die anderen Gäste überlassen derweil dem Tänzer die Tanzfläche. So ein Solo wollte Nikos Koemtzis' Bruder an jenem Abend tanzen, doch zu seinem Pech waren Junta-Anhänger im Lokal, die ihn provozierten, indem sie sich erhoben und ebenfalls auf die Tanzfläche kamen. Die Auseinandersetzung fiel vor allem deshalb sehr heftig aus, weil die Koemtzis-Brüder Linke und vor den Junta-Anhängern auf der Flucht waren. Nach der Bluttat tauchten die Brüder unter – da sie im Viertel viele Sympathisanten hatten, fanden sie leicht Unterschlupf. Der eine Bruder kam dann bei einem Zusammenstoß mit der Polizei ums Leben, und Nikos Koemtzis wurde festgenommen. Dreißig Jahre verbrachte er im Gefängnis, bevor er begnadigt wurde.

Von der Adrianou gelangt man zur Tzistarakis-Moschee, wo man den Spaziergang durch die Ermou fortsetzen kann. Der Teil der Ermou zwischen Monastirakiou- und Kapnikareas-Platz diente bis Ende der sechziger Jahre der Athener Mittelklasse als Einkaufsmeile für den Kleidungsbedarf. Da es nur ein kurzes Stück ist, sollte man die Aiolou-Straße mit dazurechnen, auf der es damals von Modeboutiquen für den mittleren Geldbeutel nur so wimmelte.

Zwischen Kapnikareas- und Syntagma-Platz lag das Shoppingviertel der Oberschicht, dessen Preise sich nur die Athener Großbürger leisten konnten. Es hieß sogar, die Preise würden von demjenigen Abschnitt der Ermou an in die Höhe schnellen, von dem aus das Schloss – das spätere griechische Parlament – ins Blickfeld rückt.

Bis heute unberührt geblieben ist die Ermou einzig zwischen dem Monastirakiou- und dem Kapnikareas-Platz sowie an dem kleinen Platz zwischen der Ifaistou und der Ermou mit seinen antiken Möbeln und den »fliegenden Altwarenhändlern«, die dort ihre »Antiquitäten« feilhalten. Sonst bietet sich inzwischen ein vollkommen anderes Bild. Die Ifaistou hat sich in eine Einkaufsstraße für überwiegend junge Leute verwandelt: Überall werden T-Shirts, Sportschuhe und Modeschmuck verkauft.

Zwischen Agion-Asomaton- und Monastirakiou-Platz findet man hauptsächlich Gartenmöbel, Klamotten, CDs und DVDs, und an fast jeder Ecke zur Ermou-Straße hat sich ein Kafenion eingenistet.

Auch das Publikum hat sich geändert. Die meisten Athener Stadtviertel und Vororte haben heutzutage ihre eigenen Einkaufszentren, und die Anwohner kommen nicht mehr groß zum Shoppen ins Zentrum. In der Ermou haben sich jedoch trendige Modemarken etabliert, welche vor allem junge Leute hierherlocken.

Im Grunde konzentrierte sich früher alles, was Athen seinen Bewohnern und Besuchern zu bieten hatte, auf die Strecke zwischen Kerameikos und dem Syntagma-Platz: von den touristischen Sehenswürdigkeiten bis zum nächtlichen Vergnügen auf der Plaka und von den Ramschläden bis zur Haute Couture.

Mittlerweile hat sich das Viertel wieder auf seinen alten Ruf besonnen. Nur die antiquarischen Buchläden sind und bleiben verschwunden, doch dieser Verlust ist bloß den Fünfzig- bis Siebzigjährigen ein Dorn im Auge. Die jungen Leute von heute würden sagen: »Was soll ich mit den Antiquariaten? Das bekomme ich doch alles im Internet!« Und vermutlich haben sie recht.

Omonoia-Platz

Wer das Durchhaltevermögen eines Ausländers in Griechenland auf die Probe stellen möchte, sollte ihn nicht nach Korfu, Rhodos oder Mykonos schicken, sondern im Hochsommer in der größten Mittagshitze auf den Omonoia-Platz: genau dann, wenn alle Straßen verstopft sind, die Wagen ein einziges Hupkonzert veranstalten, die eine Hälfte der Autofahrer die andere mit wütenden Gesten und Schimpfwörtern bedenkt, auf den Bürgersteigen ein Gedränge von herumlungernden einheimischen wie zugewanderten Arbeitslosen herrscht und die Sonne – wie eine Strafe Gottes – förmlich das Hirn verbrennt. Dem Forscher, der so ein Experiment wagt, würde ich raten, seinem Versuchstier einen Spruch beizubringen, mit dem sich jeder Grieche von klein auf Mut zuspricht: »Jesus Christus, unser Held, besiegt die Übel dieser Welt.«

Wenn der Zugereiste nun weder diesen Spruch zu Hilfe nimmt noch die Flucht in Richtung des Athener Flughafens ergreift, sondern wie gebannt auf dem Platz verweilt und dem Weltuntergang – mit einer Mischung aus Furcht, Verwunderung und Glückseligkeit – beiwohnt, dann wird er sich innerhalb von drei Monaten akklimatisiert haben. Wie ein Grieche wird er den Verkehrspolizisten übers Ohr hauen, ihm werden die schlimmsten Flüche über den Fahrer des Nachbarwagens problemlos über die Lippen kommen, er wird auf dem Bürgersteig parken und ganz gemütlich sein mittägliches Kaffee-Frappee in einem Athener Café schlürfen.

Schon als Athen noch die Kleinstadt war, die wir an den vorangehenden Haltestellen der Stadtbahn kennengelernt haben, hatte es zwei Herzstücke: den Syntagma- und den Omonoia-Platz. Und es ist erstaunlich, aber diese beiden Herzstücke haben überlebt, obwohl heutzutage jedes Viertel und jeder Vorort ein eigenes Zentrum hat.

Höchstwahrscheinlich liegt es daran, dass beide Plätze sehr unterschiedliche Funktionen haben. Der Syntagma-Platz war stets der Mittelpunkt von Politik und Verwaltung. Dort stehen das Parlamentsgebäude, ein Stückchen weiter auf der Irodou-tou-Attikou-Straße der Präsidentenpalast und nebenan das Maximou-Palais, der Sitz des Premierministers. Auf dem Syntagma-Platz befindet sich zudem das Finanzministerium und oberhalb des Platzes das Außenministerium sowie zahlreiche Botschaften. Linkerhand auf dem Platz stehen auch die beiden großen historischen Hotels, das Grande Bretagne und das King George.

Der Omonoia-Platz und sein Umfeld hingegen waren immer schon das Athener Geschäftszentrum. Diese Unterteilung geht auf das Jahr 1836 zurück, als die Planung der beiden Stadtkerne beschlossen und der Syntagma-Platz zum Standort des Königsschlosses auserkoren wurde. Dadurch änderte sich die ursprüngliche Planung, die noch im Jahr 1834 den Bau des Königsschlosses auf dem Omonoia-Platz vorsah. Daher lautete auch die erste Bezeichnung Schlossplatz, die in der Folge in Ottoplatz umgeändert wurde. Der endgültige Name – Platz der Eintracht – geht auf politische Gründe zurück: auf den »Schwur der Eintracht«, den die antimonarchistischen Parteien am 14. Oktober 1862 nach dem Sturz und dem Rückzug von Otto I. aus Griechenland leisteten.

Sobald der Fremdling auf dem Omonoia-Platz den ersten Schock überwunden hat, wird er feststellen, dass davon sechs verschiedene Straßen ausgehen, die sich alle für einen Spaziergang eignen. Wählt er die Stadiou- oder die Panepistimiou-Straße, gelangt er zum Syntagma-Platz. Zieht er die Tritis-Septemvriou vor, führt ihn der Weg zum Viktoria-Platz und nach Patisia. Die Athinas-Straße bringt ihn nach Monastiraki, die Peiraios-Straße führt ihn in die Gegenden, die wir auf unserer Fahrt mit der »Elektrischen« schon kennengelernt haben. Bleibt noch die große Verkehrsader der Agiou-Konstantinou-Straße, die ihn zum Kifisou-Boulevard geleitet und von dort aus weiter Richtung Loutraki, Peloponnes und Patras.

Die außerordentlich verwinkelte und widersprüchliche Gegend um den Omonoia-Platz hat als einzige in ganz Athen noch ein gewisses orientalisches Flair. Wenn ich eine Weile schon nicht mehr in Istanbul gewesen bin und ein wenig Heimatluft schnuppern möchte, dann durchstreife ich die Athinas-, die Sofokleous- und die Evripidou-

Straße und vervollständige den Rundgang mit der Sokratous- und Menandrou-Straße.

Im Mittelpunkt dieses kleinen Bummels steht die zentrale Markthalle. Diese übte schon immer eine große Anziehungskraft auf mich aus, sicherlich einerseits wegen der Überdachung, die mich an die Märkte Istanbuls erinnert, andererseits klingen die Rufe der Verkäufer, wenn sie ihre Waren anpreisen, genau gleich wie auf dem Kapalı Çarşı und dem Ägyptischen Markt in Istanbul, der auch von der Größe her durchaus vergleichbar ist.

Die Athener nennen die Markthalle oft auch nur Fleischmarkt. Der bildet nun sicherlich ihren größten Teil, doch mit dazu gehören der Fisch- und Wurstmarkt sowie die Läden, die eingelegtes Gemüse und andere Lebensmittel feilbieten. Die Markthalle ist eine Art »Halbinsel«, da sie zwar von der Athinas-Straße und von den beiden seitlich verlaufenden Sofokleous und Evripidou betreten werden kann, nicht jedoch von der Aiolou-Straße an ihrer Hinterfront, die eine Art »Binnenmarkt« bildet mit Geschäften, wie man sie sonst eher an der Ermou als an der Athinas-Straße findet.

Die »Halbinsel« bestimmt auch die kommerzielle Aktivität der beiden Quergassen zur Athinas, der Sofokleous und der Evripidou. Beide sind »Lebensmittelstraßen«. An der Sofokleous findet man viel Käse und Wurst, und vis-à-vis vom Eingang der Markthalle liegt ein kleiner Laden, dessen greiser Inhaber Gewürze und andere Spezereien feilbietet. In der Evripidou gingen die Athener, bevor das Zentrum klein beigab und die Supermärkte Einzug hielten, einst einkaufen, um auserlesene Käsesorten zu finden, die man beim Krämer um die Ecke nicht erhielt.

Hier, um die Zentrale Markthalle herum und vor allem in der Evripidou, liegt der einzige Ort in Athen, wo ich die Düfte meiner Kinder- und Jugendjahre wiederfinde. Geht man die Sofokleous entlang, so werden die Lebensmittelgeschäfte nach und nach spärlicher – und bald findet man auch Papierwaren und Haushaltsgeräte. In der Evripidou hingegen erstrecken sich die Geschäfte mit Esswaren fast bis zur Peiraios-Straße. Etwa in der Mitte der Evripidou, zwischen Athinas-Straße und Koumoundourou-Platz, kommen mir die Gerüche besonders vertraut vor, denn dort liegt das Miran. Miran kam als Flüchtling aus Kleinasien und gründete einen Gewerbebetrieb, in dem Pastırma und Sucuk hergestellt werden, beides scharfe Wurstsorten, die ich aus meiner Kindheit in Istanbul kenne und die in Griechenland lange unbekannt waren. Heute gibt es sie in jedem Supermarkt. Den ihnen eigenen Duft verströmt jedoch nur das Miran, denn

Supermärkte sind ja bekanntermaßen geruchsneutral.

Kommt der Stadtwanderer vom Omonoia-Platz und geht die Athinas entlang, so findet er bis zur Sofokleous kleinere und auch größere Läden mit Haushaltsgeräten und hinter dem Kotzia-Platz hauptsächlich Küchenutensilien. Die Nahrungsmittelgeschäfte liegen zwischen der Sofokleous und der Evripidou, danach folgen nacheinander Eisenwarenhandlungen und Sanitärzubehör. Kaum vorstellbar, dass ein Athener, der auf diesen Straßen – Athinas, Sofokleous, Evripidou und Aiolou – nach etwas Bestimmtem sucht, mit leeren Händen nach Hause geht.

In den Zeiten des fiktiven Reichtums, vor allem am Anfang dieses Jahrhunderts, kehrten die Athener der Athinas-Straße sowie der Sofokleous- und Evripidou-Straße den Rücken, weil das Angebot ihren Ansprüchen nicht gerecht wurde. Jetzt kommen sie wieder in Scharen. Sie kaufen ihr Fleisch im Fleischmarkt ein und ihren Käse in den Läden der Evripidou-Straße und merken dabei, dass sie zwar billiger sind, aber deshalb nicht von schlechterer Qualität.

Ob man wie früher mit der Drachme bezahlt hat oder wie heute mit dem Euro, dieser Teil von Athen ist dem Orient und dem Balkan treu geblieben.

Der Besucher mag sich darüber wundern, dass ausgerechnet hier, wo so einfache Dinge wie Käse oder Küchenutensilien verkauft werden, antike Götter, Dichter und Philosophen in den Straßennamen verewigt wurden. Daran erkennt man jedoch, dass hier die Bayern das neue Athen aus den antiken Ruinen erstehen sehen wollten. Entsprechend benannten sie die Straßen: Athene, Aiolos, Sophokles, Euripides, Sokrates, Menander, Hermes.

Die Sokratous-Straße erinnert mich in gewisser Weise an den Tarlabaşı-Boulevard in Istanbul. Natürlich nicht, was die Breite angeht. Der Tarlabaşı ist eine Hauptverkehrsader, die am einen Ende einen grandiosen Blick aufs Goldene Horn bietet, die Sokratous hingegen ist eine enge Straße ohne irgendeinen Panoramablick. Ihre Gemeinsamkeit liegt in den vielen kleinen Läden, die sich eng aneinanderdrängen, als müssten sie sich möglichst nahe sein, um sich gegenseitig zu stützen. Man hat den Eindruck, wenn einer der Läden aus der Reihe fehlte, würden sie allesamt zusammenstürzen.

Die hiesigen Geschäfte waren immer schon preisgünstig und ihre Kunden, ob nun Einheimische oder Migranten, stets knapp bei Kasse. Die meisten stammten aus Arbeitervierteln wie Agios Ioannis Rentis, Tavros oder Kato Petralona. Sie luden ihre Einkäufe in den öffentlichen Bus und machten sich in Richtung Peiraios-Straße auf den Nachhauseweg. Zudem gab es hier früher einen riesigen Gemüsemarkt gleich vis-à-vis der Markthalle, der schließlich durch den Großmarkt in Agios Ioannis Rentis abgelöst wurde; an seiner Stelle entstand ein unansehnlicher Park.

Da die Käufer keine Stammkundschaft waren, wurde nicht angeschrieben. Normalerweise gab es sogar hinter der Kasse oder gleich am Eingang ein Schild mit zwei Bildern, darunter die Bildlegende: »Verkauf gegen Barzahlung – Verkauf auf Kredit«. Auf der ersten Abbildung saß der Verkäufer auf einem Sessel und paffte eine Zigarre, während sich ringsum die Geldscheine und Goldmünzen stapelten. Auf der zweiten saß der Verkäufer auf einem ausgeleierten Stuhl, seine Geldschatulle stand offen, und darin hockte eine Maus, während auf dem Boden uneingelöste Wechsel herumlagen. Dieses Schild signalisierte dem eintretenden Kunden, dass das Geschäft keinen Kredit gab. Auch wenn der Laden und sein Inhaber der Abbildung »Verkauf gegen Barzahlung« oft keineswegs entsprachen, verstand der Kunde die Botschaft.

Es gab auch noch ein einfacheres Schild, das man gleichermaßen in der Türkei antreffen konnte. Darauf stand: *veresiye yok*, also: »Kein Anschreibenlassen«. In Griechenland hieß es: »Kein Kauf auf Pump«. Ein anderes, oft verwendetes Schild verkündete: »Wechselgeld sofort nachzählen, spätere Reklamationen zwecklos.« Ich weiß nicht, ob diese Aufforderung häufiger anzutreffen war als die anderen beiden Schilder, jedenfalls wurde sie zum geflügelten Wort.

Auf der Athinas, und zwar direkt auf dem Kotzia-Platz, steht das alte Rathaus, in dem immer noch etliche städtische Behörden untergebracht sind. Bis zum Ende der sechziger Jahre konnte man an der Hinterfront des Rathauses Männer sehen, die auf mitgebrachten Klappsesseln vor niedrigen Tischchen saßen und ununterbrochen schrieben, während vor ihnen die Leute Schlange standen. Wenn das Schriftstück fertig war, überreichten sie es ihren Kunden, worauf diese bezahlten und ins Rathaus traten. Es handelte sich dabei um die bekannten »Antragsschreiber«, die gegen einen Obolus von zwei Drachmen diese Arbeit für Menschen übernahmen, die nicht schreiben konnten oder die beim Ausfüllen eines Antrags Hilfe brauchten.

Ein Stück entfernt, noch vor dem Kotzia-Platz auf dem Bürgersteig der Athinas, standen Männer mit Maler- und Anstreicherutensilien, die geduldig den ganzen Tag lang darauf warteten, dass irgendjemand ihre Dienste benötigte.

Die Menandrou-Straße verläuft parallel zur Sokratous und sieht ihr zudem zum Verwechseln ähnlich, mündet jedoch in die Sarri-Straße. Zuvor jedoch führt sie am Theatrou-Platz vorbei, einem der schönsten kleineren Athener Plätze. Heute ist dies der griechenlandweit größte Drogenumschlagplatz, der bis zur Agios-Konstantinos-Kirche und weiter bis zum Eleftherias-Park reicht. Hier liegt – analog zur »Spaßmeile« in Thiseio und zur »Kulturmeile« auf der Peiraios – die »Dealermeile«. Nur, dass hier die friedliebenden Normalbürger rasch die Straßenseite wechseln.

Das Gebiet zwischen der Sofokleous- und der Sarri-Straße befindet sich fast ausschließlich in den Händen von Migranten. In den letzten zehn Jahren hat sich die Zusammensetzung der Bevölkerung um den Omonoia-Platz radikal verändert. Auf dem Platz selbst und in den umliegenden Straßen haben Einwanderer jeglicher Herkunft ihre Treffpunkte und Informationsbörsen eingerichtet, manchem gelang es auch, sich als fliegender Händler oder sogar als Ladeninhaber zu etablieren.

In der Gegend etwa um die Agios-Konstantinos-Kirche und der gleichnamigen Straße in Höhe des von Ernst Ziller erbauten Nationaltheaters werden hauptsächlich slawische Sprachen gesprochen. Doch sowie man die Menandrou erreicht, ändert sich die ethnische Zusammensetzung, und die Migranten aus den asiatischen Ländern gewinnen die Oberhand. Hier werden keine griechischen Lebensmittel mehr verkauft, sondern nur noch Produkte aus Pakistan, Indien und China. Wenn man zum Beispiel die Sofokleous und die Evripidou entlangspaziert, stößt man bei jedem Schritt auf chinesische Kleiderläden.

Mit Ausnahme der Markthallen-»Halbinsel« hat sich bis hoch zur Athinas-Straße der althergebrachte Kundenstamm der Geschäfte grundlegend verändert: Seine ethnische Zusammensetzung ist heute eine ganz andere. Seine Wirtschaftskraft jedoch nicht. Die neue Käuferschicht dreht jeden Groschen genauso um wie früher der eingeborene Athener Kundenstamm.

Nachdem man die Athinas überquert hat, findet man fast gar keine griechischen Läden mehr. Die noch verbliebenen Geschäftsleute werden ebenfalls demnächst ihre Ladenflächen an Chinesen oder Pakistaner verkaufen. Ironie des Schicksals: Die neu einziehenden Inhaber sind oft gar keine Migranten, sondern Kleinunternehmer aus Asien, vor allem aus China, die zunächst die Geschäfte erwerben, ein kleines Kleidungsunternehmen eröffnen und dann Migranten anstellen, die für einen Kanten Brot arbeiten. Die Unternehmer selbst kehren später in ihr Herkunftsland zurück und kommen ein paarmal im Jahr, um das Geschäft zu kontrollieren.

Heute begegnet man auf diesen Straßen weitaus mehr Einwanderern als früher. Viele Griechen behaupten, dass die Zahl der Migranten weiter gestiegen sei, aber das trifft nicht zu. Nicht die Migrantenzahl ist gestiegen, sondern die Zahl der Arbeitslosen. Da es nicht einmal mehr die billigen Jobs gibt, die oft von ausländischen Arbeitskräften ausgeübt wurden, laufen die Migranten verzweifelt herum auf der Suche nach irgendeiner Arbeit.

Einzig die Antragsschreiber sind ein für alle Mal verschwunden. Heutzutage kann man seinen Antrag online einreichen, und der Platz an der Hinterfront des Rathauses bleibt auch von Zuwanderern leer. Denn die wollen ohnehin so wenig wie möglich mit dem Rathaus und seinen Behörden und am allerwenigsten mit der Polizei zu tun haben.

Die Binnenseite der »Halbinsel«, also die Aiolou-Straße, habe ich mir bis zuletzt aufgehoben, und zwar aus zwei Gründen – zum einen, weil sich eine Parallelstraße weiter ein vollkommen anderes Bild darbietet, und zum anderen, weil ich den Halt am Omonoia-Platz mit einem etwas romantischeren Spaziergang beschließen möchte.

Die Aiolou ist eine langgezogene Straße, die von der Stadiou-Straße abzweigt und bis zur Plaka reicht. Bis vor dreißig Jahren bildete das Teilstück bis zur Ermou die klassische Einkaufsmeile für die kleinbürgerlichen Schichten. Heute ist sie bis zur Mitropoleos eine Fußgängerzone. Hier reihen sich Modeboutiquen und Sportartikelgeschäfte aneinander, und rund um die beiden alten Gotteshäuser Chrysospiliotissa und Agia Eirini findet man zahlreiche kleine Kafenions.

In der Aiolou lässt sich tagsüber schön flanieren und Kaffee trinken, doch würde ich zu einem abendlichen Besuch raten. Im Allgemeinen ziehe ich, vor allem im Sommer, nächtliche Wanderungen durch Athen vor. So seltsam es auch klingt, Athen ist im Lichterglanz der Nacht wesentlich reizvoller als bei Tag. Die Stadt strahlt dann etwas Sanftes, bisweilen fast Idyllisches aus, das sich in der Morgendämmerung verflüchtigt.

Diese Feststellung gilt für ganz Athen, besonders aber für das historische Zentrum.

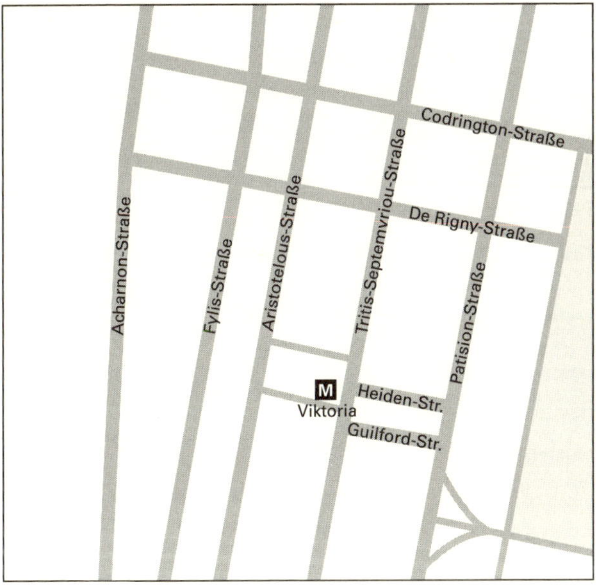

Viktoria

Dieser Bahnhof erhielt seinen Namen von dem gleichnamigen Platz, unter dem er sich befindet. Und die Wahl des Namens geht auf Königin Victoria von England zurück. Wenn Sie sich jetzt fragen, wieso ein Athener Platz zwischen der Tritis-Septemvriou- und der Aristotelous-Straße nach der Queen benannt wurde, kann man nur mit einer Reihe von Vermutungen antworten.

Ursprünglich wurde der Platz Ende des 19. Jahrhunderts Kyriakou-Platz genannt. Auch die Station der Attischen Eisenbahn, die kurz danach eingeweiht wurde, erhielt diesen Namen. Sie wurde 1926 geschlossen und zweiundzwanzig Jahre später im Jahr 1948 als Stadtbahnhaltestelle unter der Bezeichnung Viktoria wieder eröffnet.

Bis in die sechziger Jahre koexistierten die beiden Namen friedlich. Die Elterngeneration nannte den Ort weiterhin Kyriakou-Platz, die Kinder Viktoria-Platz. Der Namenswechsel hat sich erst nach und nach durchgesetzt, so dass auf dem aktuellen Stadtplan immer noch beide Namen stehen: Kyriakou und Viktoria. Jedenfalls näherte sich im Jahr 1948, als die Stadtbahnhaltestelle eingeweiht wurde, der griechische Bürgerkrieg gerade seinem Ende. Die Briten (wie auch die Amerikaner) hatten die Regierungstruppen im Kampf gegen die kommunistische Demokratische Armee unterstützt. Es ist also nicht auszuschließen, dass die Umbenennung des Platzes und die Namensgebung der Station eine Geste der Dankbarkeit den Briten gegenüber war – und zwar nicht nur für ihren Beistand im Verlauf des Bürgerkriegs, sondern vor allem während des Zweiten Weltkriegs, als Griechenland unter deutscher Besatzung war und die griechische Exilregierung Zuflucht im britisch regierten Ägypten fand.

Zudem befindet sich die Queen an dieser Stelle in illustrer Gesellschaft zweier Landsmänner. Unweit des Platzes liegt die nach Admiral Sir Edward Codrington benannte Straße, welcher zusammen mit dem französischen Konteradmiral de Rigny und seinem russischen Standesgenossen Heiden in der Seeschlacht bei Navarino im Jahr 1827 die ägyptische Flotte zerstört und damit ausschlaggebend zum Erfolg des griechischen Unabhängigkeitskampfes gegen die Osmanenherrschaft beigetragen hat. Und in unmittelbarer Nähe des Platzes befindet sich eine weitere nach einem englischen Adeligen, Frederick North, Earl of Guilford, benannte Straße. Der Gräzist und Philhellene hat die Ionische Akademie und somit die erste moderne Universität auf Korfu gegründet. Sind es im historischen Zentrum die Helden der Antike, welche die Straßennamen bestimmen, so gelangen hier um den Viktoria-Platz also die Philhellenen zu Ehren.

Eine andere Begründung für die Namensgebung »Viktoria« besagt, die öffentlichen Behörden Athens und die Stadtbahnbetreiber hätten sich angemaßt, eine griechische Entsprechung zum gleichnamigen Londoner Bahnhof zu schaffen, um die Nähe Athens zu Europa zu betonen. Und so geschah es, dass nicht nur die britische Metropole, sondern auch Athen seine Viktoria Station bekam.

Wem diese Hypothese an den Haaren herbeigezogen erscheint, den möchte ich an die Tatsache erinnern, dass das griechische Verteidigungsministerium in der Alltagssprache – von Militärs, Bürgern und Massenmedien – in Anlehnung an das US-Original Pentagon genannt wird. Nur dass das hiesige Verteidigungsministerium kein fünfeckiger Bau ist, sondern aus fünf das Auge beleidigenden Gebäudeteilen besteht.

Von der Größe her kann sich der Viktoria-Platz jedenfalls weder mit dem Syntagma- noch mit dem Omonoia-Platz messen. Dennoch hat er einen großen Aktionsradius. Denn auf keinem anderen Platz in der Gegend findet der Besucher so wie hier Konditoreien und Straßencafés. Daher reicht auch das Einzugsgebiet des Viktoria-Platzes so weit: Es beginnt im unmittelbaren Umfeld bei den Straßen Tritis-Septemvriou, Aristotelous und Fylis bis hinunter zur nächsten großen Verkehrsader, der Acharnon-Straße, und erstreckt sich von der Heiden- bis zur Agathoupoleos-Straße und in die umliegenden Quergassen.

In den beiden großen Konditoreien auf dem Viktoria-Platz, Floca und Parfait, konnte man bis in die achtziger Jahre jeden Nachmittag nach sechs Uhr elegant gekleidete Anwohnerinnen aus dem Mittelstand ihren Kaffee trinken sehen und darüber diskutieren hören, welche der beiden Konditoreien die bessere Schokoladenschnitte oder die besseren Profiteroles im Angebot hätte.

Sie werden bestimmt fragen, warum männliche wie weibliche Stammgäste erst nach sechs Uhr erschienen. Darauf gibt es eine einleuchtende Antwort: Damals waren Klimaanlagen und durchgehende Öffnungszeiten unbekannt. Die Zeit zwischen drei und sechs Uhr nachmittags, das waren die gesegneten Stunden der »allgemeinen Ruhezeit«, die von den Griechen mit religiösem Eifer eingehalten wurden. Wehe dem, der es wagte, laut Musik zu hören oder in seiner Wohnung Krach zu machen! Der musste damit rechnen, dass sich der geballte Furor der Nachbarn über ihm entlud. Nach dem Intermezzo der Mittagsruhe, etwa um sechs Uhr, begann schließlich die zweite Halbzeit des griechischen Lebensrhythmus und wurde bis spätnachts fortgesetzt. Morgens hingegen war der Viktoria-Platz Treffpunkt der Mütter und Großmütter, die ihre Kinder oder Enkel auf den Spielplatz führten.

Die Damen tranken ihren Kaffee, in der Regel einen griechischen (oder türkischen oder, wenn Sie wollen, auch arabischen) Mokka, in Begleitung einer »Löffelsüßigkeit«. Diese bestand aus eingemachten Feigen, Weintrauben, Sauerkirschen oder

Bitterorangen und wurde von den Griechen und insbesondere von den Athenern gern mit zum Kaffee bestellt. Außerdem gab es noch das »Unterseeboot«. Dabei handelte es sich um eine klebrige Masse aus Mastix oder Vanille, die ebenfalls auf einem Löffel, eingetaucht in ein Glas Wasser, serviert wurde.

»Löffelsüßigkeiten« und »Unterseeboote« gab es nicht nur in Griechenland. In Istanbul waren sie gleichermaßen beliebt, insbesondere bei den dort ansässigen Griechen. Es gab keinen Sommer, in dem meine Mutter nicht kiloweise Früchte eingemacht hätte, vorwiegend Sauerkirschen und Feigen. Und ich sehe noch vor mir, wie sie und ihre Freundinnen im Kafenion auf der Insel Chalki (Heybeliada) saßen und ein »Unterseeboot« bestellten.

Es gibt spezielle Geschäfte, in denen man auch heute diese »Löffelsüßigkeiten« kaufen kann. Einige davon liegen in der Tritis-Septemvriou-Straße, ganz in der Nähe des Viktoria-Platzes. Ich weiß allerdings nicht, ob sie diese Spezialitäten einfach so im Angebot haben oder weil sie eine Tradition hochhalten wollen. Von den Tischchen der Konditoreien sind die eingemachten Früchte jedenfalls verschwunden und haben dem Nescafé-Frappee Platz gemacht. Das Frappee hat dem türkischen Mokka und der »Löffelsüßigkeit« den Rang abgelaufen. Dann kam der Cappuccino und danach der Cappuccino Freddo, die wiederum das Kaffee-Frappee abgelöst haben. All diese Kaffeegetränke enthalten Milch oder süße Sahne, oft ist es geschäumte Milch oder Schlagsahne. Dazu kommt in jedem Falle Zucker, und somit sind sie so süß, dass sie jegliche »Löffelsüßigkeit« überflüssig machen. Heute trifft man auf der Straße junge Leute mit einem Plastikbecher in der Hand, der eine cremige Flüssigkeit enthält, die sie mit einem Strohhalm schlürfen. Dies degradiert den Kaffee zu einem Erfrischungsgetränk und hat mit echtem Kaffeegenuss so viel zu tun wie Zucker mit Süßstoff.

Leider sind mittlerweile nicht nur der Mokka und die eingemachten Früchte ausgestorben. In den achtziger Jahren verlor die ganze weitläufige Gegend um den Viktoria-Platz nach und nach auch ihre angestammten Gäste, da eine »Binnenwanderung« der ansässigen Familien einsetzte. Die Auswirkungen dieser Flucht werden wir an den folgenden Stationen der Stadtbahn genauer sehen, doch sie bestärken im Grunde die zweite These, woher der Platz seinen Namen hat: Denn wenn die Athener Behörden schon ihre eigene Viktoria Station hatten und die Regierung ihr eigenes griechisches Pentagon, warum sollten dann die Familien nicht in einer Art englischer Countryside wohnen?

Daher verließen sie ihre Wohnungen und wanderten aus dem Zentrum ab, bezogen jedoch keine Herrensitze oder Landhäuser, sondern Wohnblocks, die oft von schlechterer Bauqualität waren als die von ihnen verlassenen Wohnungen. Ein Rundgang durch die Straßen nördlich des Viktoria-Platzes, durch die Ierosolymon-, Moschonision- und Lefkosias-Straße oder im Stadtteil Kypseli genügt zum Beweis. In der dortigen Lelas-Karagianni-Straße gibt es an der Ecke zur Ioannou-Drossopoulou, nur einen Häuserblock von meiner Wohnung entfernt, noch drei wunderhübsche ein- und zweistöckige Bauten, die von den Bewohnern damals aufgegeben wurden.

Heute hat sich das Erscheinungsbild des Viktoria-Platzes vollkommen gewandelt. Nicht nur, weil der ursprünglich blanke Erdboden mit Zementplatten und Blumenrabatten verschönert wurde, sondern auch, weil nun Migranten Waren jeglicher Art auf ihren Tüchern darauf ausbreiten. Der Weg vom Ausgang der Stadtbahn zur Platzmitte gleicht einem Hindernislauf. Die Einwanderer verkaufen alles Erdenkliche, von CDs und DVDs, Damenhandtaschen und Laptop-Mappen über Parfüms und Sonnenbrillen bis hin zu Regenschirmen. Wo die Tücher enden, hat die Stadt statt Parkbänken eine Reihe von Telefonzellen aufgestellt, die sich großen Zuspruchs seitens der Migranten erfreuen: Laut und angeregt unterhalten sie sich dort mit ihren Lieben in einem fernen Winkel des Planeten.

Manchmal liegt der Platz ruhig und leer da. Dann weiß man, dass die Polizei die Einwanderer vertrieben hat. Aber am nächsten Tag sind sie wieder da.

Die Anwohner, die ihrem Viertel treu geblieben sind und nicht die Flucht »zurück zur Natur« angetreten haben, behaupten mittlerweile, die Grenzlinie zwischen einheimischen und zugewanderten Bewohnern verlaufe entlang der Aristotelous-Straße, der westlichen Begrenzung des Viktoria-Platzes. In den übrigen kreuz und quer verlaufenden Gässchen leben fast nur noch Einwanderer.

Auch die Cafés und Konditoreien auf dem Platz sind nicht mehr dieselben. Das Floca und das Parfait existieren nicht mehr. An ihre Stelle ist ein Café getreten, dessen Name wohl ebenfalls französisch sein sollte: das Café Palmie – vermutlich hat man das Schluss r vergessen, das daraus ein Palmencafé gemacht hätte. Gleich nebenan liegt das Café des Poètes. Ich persönlich habe dort noch nie einen Dichter oder Schriftsteller angetroffen, aber wahrscheinlich wollte der Inhaber dem Ruhm des Café de Flore oder des Les Deux Magots auf dem Boulevard Saint-Germain nacheifern.

Ein einziges Lokal erinnert noch an vergangene Zeiten: An der Ecke zur Aristotelous-Straße findet man das Koska, eine alte Garküche mit Weinausschank. Bei seinem Anblick kommt mir jedes Mal Prokos' Apotheke auf Chalki in den Sinn, die immer noch genau so aussieht wie vor gut fünfzig Jahren. Die Apothekerin, die sie mit echter Hingabe pflegt und bewahrt, hat mir erzählt, man habe ihr vorgeschlagen, die komplette Innenausstattung der Apotheke eins zu eins einem Museum zu vermachen. Bald wird man in ähnlicher Weise über den Erhalt der historischen Garküchen nachdenken müssen.

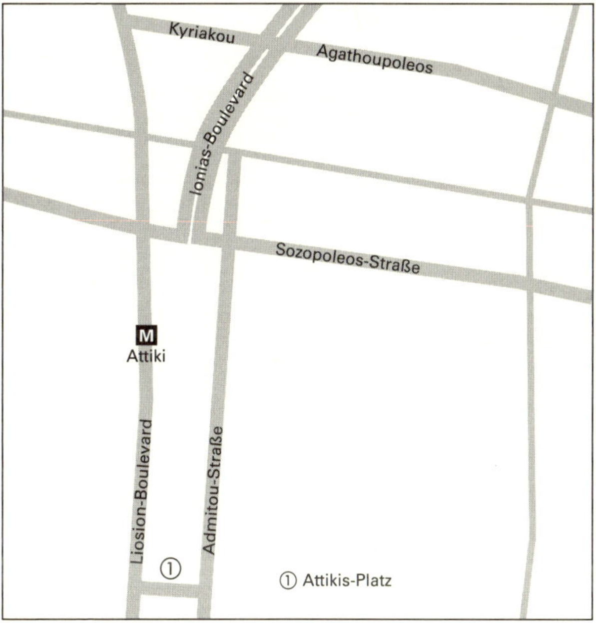

Attiki

Vor hundert Jahren war der Stadtteil Attiki das Tor Athens zum Norden, denn von dort startete die Attische Eisenbahn, die Athen mit Kifissia verband. Heute bildet der Attikis-Platz das Athener Einfallstor der Armut.

Dieses Tor öffnet seine Flügel zu zwei großen Boulevards: dem Ionias- und dem Liosion-Boulevard. Der Ionias beginnt bei der Stadtbahnstation und vereinigt sich bei Perissos mit einer weiteren großen Straße, dem Irakleiou-Boulevard. Der Liosion-Boulevard ist wesentlich länger, er beginnt am Omonoia-Platz, durchquert ein heruntergekommenes Viertel nach dem anderen und endet schließlich in Ilion, dem vielleicht heruntergekommensten Stadtteil Athens.

Man könnte den Liosion-Boulevard »Straße der attischen Armut« und den Ionias-Boulevard »Straße des Flüchtlingsstroms« nennen. Hier fanden sich die Vertriebenen aus Kleinasien und den Küstenorten bei Smyrna nach 1922 ein, um die beiden größten Flüchtlingsviertel Athens zu gründen: Nea Ionia und Nea Filadelfia.

Auf meinen Streifzügen durch diese Gegend drängt sich mir stets dieselbe Frage auf: Wie kann es sein, dass sich in Liosia (wie die Athener den Liosion-Boulevard nennen), in Agios Ioannis Rentis oder in den armseligen Straßenzügen von Piräus so viele Möbelgeschäfte befinden? Seit Jahren bemühe ich mich erfolglos um eine Klärung dieses Phänomens. Die Zahl der Möbelgeschäfte steht in einem umgekehrt proportionalen Verhältnis zum Lebensstandard des Viertels: Je maroder der Stadtteil, desto größer die Anzahl der Möbelhäuser. In Liosia findet man fast nur Autowerkstätten und

Möbelgeschäfte. Und damit meine ich nicht etwa jene Läden, die Stühle, Klapptische oder Matratzen verkaufen – das wäre in einer von vielen Migranten bewohnten Gegend nicht verwunderlich. Ich spreche von großen Möbelhäusern, in denen ganze Wohn- und Schlafzimmer, Ess- und Sitzgruppen angeboten werden. Wenn ein Besucher aus der Fremde keine Gelegenheit haben sollte, die Wohnung einer griechischen Familie von innen zu sehen, so genügt ein Spaziergang durch die Fachgeschäfte dieser Viertel, um sich ein Bild von der hierzulande typischen Einrichtung zu machen. So seltsam es auch klingt, der einzige Unterschied zwischen dem Mobiliar in einem mittelständischen und in einem heruntergekommenen Stadtteil liegt in der qualitativen Verarbeitung, nicht in der Ästhetik. Geschmack und Einrichtungsstil gehen vom Mittelstand abwärts Hand in Hand.

Auf den ersten Blick wirkt der Ionias-Boulevard ärmlicher. Dieser Eindruck hat nicht nur mit den billig hochgezogenen Bauten oder mit den bröckelnden Fassaden der Wohnblöcke zu tun, sondern auch mit den Kleidungsstücken, die auf den Balkonen – und zwar wohlgemerkt auf Wäscheleinen – zum Trocknen aufgehängt sind. Der Anblick einer solchen Mittellosigkeit, dass man sich nicht einmal einen Wäscheständer leisten kann, sondern zur billigeren Wäscheleine greift, ist in Athen selten geworden.

Zugleich ist er jedoch auch eine Bestätigung dafür, dass die Flüchtlingstradition weiterlebt. Wie damals die aus Kleinasien Vertriebenen ihre Kleider zum Trocknen aufhängten, so tun es auch diejenigen, die heute in dieser Gegend wohnen. Der Ionias-Boulevard ist immer noch die »Straße des Flüchtlingsstroms«. Wenn man ihn entlanggeht, hört man polnische, rumänische, russische oder bulgarische Wortfetzen.

Einigen Flüchtlingen scheint es gelungen zu sein, ihre Häuser gut zu erhalten. Auf ein hübsches Exemplar stoße ich an der Hausnummer 25 A des Ionias-Boulevards. Es ist einstöckig und hat einen Garten, der zwar klein, aber so dicht bewachsen ist, dass ich kaum die Haustür hinter den Bäumen erkennen kann. Auf ein weiteres Haus mit einem ähnlich überbordenden Garten trifft man ein Stück weiter in der abzweigenden Kyriakou-Straße 4.

Sollte der Fahrgast, der mit der Stadtbahn unterwegs ist, allerdings den Ausgang zur Admitou-Straße und nicht den zum Liosion-Boulevard nehmen, so wird er ein ganz anderes Bild vorfinden. In der Admitou sind noch architektonische Zeugen aus jener Epoche erhalten, als der Attikis-Platz das Tor zum Norden bildete. An der Ecke Admitou-

und Sozopoleos-Straße stehen noch ein paar Häuser, die um die vorletzte Jahrhundertwende erbaut wurden.

In der Sozopoleos erwartet den Flaneur eine ähnliche Überraschung wie in der kurzen Granikou-Gasse, die uns in Thiseio begegnet ist. Kaum biegt man nämlich von der Admitou in die Sozopoleos, so findet man sich in einer alten Athener Straße mit niedrigen, höchstens vierstöckigen Wohnbauten wieder, zwischen denen alte, renovierte und gepflegte Häuser stehen. Beide Straßenseiten sind mit Akazien bepflanzt, ganz wie in Ano Petralona oder Tavros. Der Name birgt eine bittere Ironie. Sozopoleos bedeutet »Derjenige, der die Stadt rettet«. Eigentlich müssten alle hübschen Athener Straßenzüge diesen Namen tragen, da allein sie den Anblick des Molochs erträglich machen.

In diesem Viertel fällt – stärker als anderswo – ein weiteres Charakteristikum Athens auf: die Dachterrassenwohnungen. Von unten besehen wirken ihre Veranden wie hängende Gärten. Vielleicht sticht das hier stärker ins Auge, da die Wohnblöcke meist schnell und billig hochgezogen wurden und die dichtbepflanzten Veranden der Dachgeschosse umso eindrucksvoller zur Wirkung kommen. Sie bezeugen einen Wohlstand, der hier wiederum mit der sogenannten *antiparochi*-Praktik einherging:

Wer es sich halbwegs leisten konnte, kaufte eine Dachterrassenwohnung mit einer großen Veranda. Damit wohnte er nicht nur in der obersten Etage, sondern war auch die soziale Leiter emporgeklettert. In den fünfziger Jahren hatte alle Griechen der Wahn befallen, im Dachgeschoss zu wohnen, obwohl das einzig Positive daran die Veranda ist, von der aus man oft auch einen schönen Ausblick genießt. Ansonsten kommt man im Sommer vor Hitze um, im Winter hingegen schlottert man vor Kälte, da die Heizkörper dort oben höchstens lauwarm werden. Doch diese Nachteile sind angesichts des gesellschaftlichen Status einer Dachgeschosswohnung Kinkerlitzchen, ganz im Sinne des alten Sprichworts: »Wer schön sein will, muss leiden.«

In den siebziger Jahren wurde die Dachterrasse vom Privatwagen als Statussymbol abgelöst. Es begann mit einem Opel oder Fiat, später musste es ein BMW oder ein Mercedes sein, und heute ist es der Geländewagen. Zum Auto gehört seit etwa zehn Jahren die Maisonette-Wohnung. Wohnungen im obersten Geschoss haben mittlerweile an Glanz eingebüßt. Heute werden kaum mehr welche gebaut, und wenn, dann muss es als Statussymbol schon eine Dachterrasse mit Swimmingpool sein.

Als ich auf dem Rückweg die Stufen zur Haltestelle hinuntergehe, sitzt auf dem letzten Treppenabsatz ein altes Mütterchen im klassischen Gewand der aus Kleinasien Vertriebenen: ganz in Schwarz und mit Kopftuch. Sie hält den Kopf gesenkt und balanciert eine Untertasse auf ihren Knien, auf der ein paar Münzen liegen. Neben sich hat sie fünf oder sechs Päckchen Papiertaschentücher aufgestapelt. Ich lege zwei Euro auf ihr Tellerchen, worauf sie den Kopf hebt und mir ein Taschentuch anbietet.

»Schon gut, Mütterchen«, sage ich.

»Aber das geht doch nicht! Wenn Sie mir zwei Euro geben, müssen Sie doch wenigstens ein Taschentuch nehmen.«

Das erinnert mich an den Spruch der kleinasiatischen Griechen: »Wenn Sie bei uns zu Gast sind, müssen Sie doch wenigstens einen kleinen Schluck nehmen.«

Und daraus schließe ich erfreut: Das stolze Antlitz der Armut ist noch nicht ganz verschwunden.

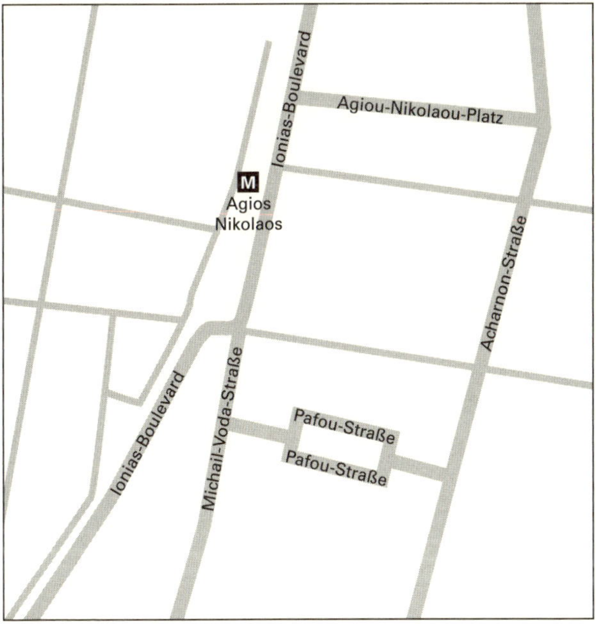

Agios Nikolaos

Die Franzosen nannten ihre Adeligen nach der Revolution *ci-devant nobles,* also vormals Adelige. Mit einer Paraphrase könnte man die Stadtviertel wie Attiki, Agios Nikolaos, Kato Patisia und Agios Eleftherios als *ci-devant bourgeois,* also vormals bürgerlich nennen. Um das zu verstehen, müssen wir jedoch den Blick zunächst auf die Patision-

Straße richten und deren demographische und soziale Bedeutung erfassen.

Auf einem beliebigen Athener Stadtplan kann man jeweils drei große Boulevards ausmachen. Zwei von ihnen führen ins Umland, der dritte durchzieht das Zentrum wie eine scheinbar endlose Gerade.

Die ersten beiden gehen vom selben Ausgangspunkt aus, nämlich von Ambelokipoi, und verlaufen dann parallel. Dabei handelt es sich zum einen um den Mesogeion-Boulevard, der quer durch Stadtteile wie Cholargos und Agia Paraskevi führt, den Zugang nach Neo Psychiko und Papagou eröffnet und sich dann weiter nach Mesogeia, Lavrio und Porto-Rafti fortsetzt. Der andere ist der Kifissias-Boulevard, die kilometermäßig längste Ader, die den Verkehr unter der Bezeichnung Athinon-Thessalonikis-Boulevard über Kifissia hinaus in Richtung Norden weiterleitet. Auf dieser Strecke liegen vier der bekanntesten großbürgerlichen Viertel Athens: Psychiko, Filothei, Maroussi und Kifissia.

Der dritte und älteste Athener Verkehrsstrom – die Patision-Straße – »entspringt« am Omonoia-Platz an der Kreuzung zur Panepistimiou-Straße. Warum nun gerade er »Straße« heißt und die anderen beiden »Boulevard«, ist mir schleierhaft. Die eingängigste Erklärung wäre die Profilierungssucht so mancher Bürgermeister. Diese konnte eben nur die beiden vorgenannten Boulevards betreffen und nicht die Patision-Straße, denn als diese eingeweiht wurde, gab es noch gar keine Boulevards in Athen. Zu König Ottos Zeiten war Patisia, wie die Gegend damals genannt wurde und wie sie auch heute noch heißt, der Naherholungsraum der Athener, wohin man in die Sommerfrische oder einfach nur »an die gute Luft« fuhr.

Patisia war die erste dichtbesiedelte Gegend Athens. Meines Erachtens gibt es keinen einzigen Athener, der nicht mindestens einen nahen oder entfernten Verwandten hat, der hier geboren oder aufgewachsen ist. Athener Kleinbürgertum und Mittelschicht stammen ursprünglich von hier.

Die mittelständischen Wohnviertel fingen in Kypseli rechterhand der Patision-Straße an. Die gutbürgerlichen Viertel konzentrierten sich um zwei Plätze: um den Amerikis- und den Koliatsou-Platz. Von hier aus in Richtung Westen stieg man die soziale Leiter langsam hinab. Die Mieten und der Immobilienwert der Häuser sanken kontinuierlich bis zur Acharnon-Straße, wo das Mittelschicht-Viertel aufhörte und der kleinbürgerliche Stadtteil begann, der sich bis zum Liosion-Boulevard erstreckte.

Wenn man die Haltestelle der Stadtbahn in Agios

Nikolaos verlässt, sollte man nicht den Ionias-Boulevard wählen, sondern die Michail-Voda-Straße einschlagen. Sie gehört neben der Patision und dem Acharnon-Boulevard zu den ältesten Straßenzügen Athens. Hier ahnt der heutige Besucher oder Betrachter, dass die Stadt sich nach Norden und Nordosten entwickelt hat, nachdem das Zentrum einmal festgelegt war.

Wer die Michail-Voda-Straße entlangläuft, die ihren alten Glanz fast völlig eingebüßt hat, wird überrascht das immer noch vorhandene gemütliche »Kiezgefüge« erkennen können, in dem die Athener Kleinbürger bis in die siebziger Jahre lebten. Er findet sich mitten auf einer dicht mit Akazien gesäumten Straße wieder, fast einer Art Allee. Die Geschäfte und die Wohnhäuser sehen aus, als seien die Uhren vor dreißig Jahren stehengeblieben. Nur selten trifft man auf Neubauten, zum einen, weil ohnehin schon jeder Quadratmeter verbaut ist, zum anderen, weil die Immobilienpreise der Gegend so sehr in den Keller gestürzt sind, dass sich die Investition für den Bauherrn nicht lohnte.

Zwischen den Wohnblöcken eingezwängt liegen ein- und zweistöckige Häuschen. Viele werden sich fragen, ob die Athener einst tatsächlich solch schmale Häuschen bewohnt haben. Ja, lautet die Antwort, durchaus, nur eben nicht ausschließlich.

Die bescheidenen Häuser sind einfach die einzigen, die erhalten geblieben sind, da die beschränkte Fläche, auf der sie stehen, für die *antiparochi* uninteressant war. Die Wohnbauten links und rechts von ihnen beweisen, dass es auch größere Häuser gab, aus denen dann auf Tauschbasis die bekannten Betonblöcke wurden.

Verlässt man die Michail-Voda-Straße nach rechts, so gelangt man auf die Pafou-Straße. Auf den ersten Blick bietet diese enge Gasse nichts Besonderes. Doch genau in ihrer Mitte eröffnet sich unerwartet ein Gelände mit einer Vielfalt an hochgewachsenen Bäumen und einem Spielplatz. Solche Orte boten den Städtern immer schon Gelegenheit, kurz Atem zu schöpfen. Ringsum sind die Gebäude höchstens vier Etagen hoch und weisen schmale Balkone voller buntbepflanzter Blumentöpfe auf. Als Teilstück der Pafou-Straße trägt dieser Platz keinen eigenen Namen, doch er strahlt eine einzigartige Ruhe aus, als befände man sich hier an einem ganz anderen Ort, in einer ganz anderen Zeit. Als ich zuletzt dort vorüberschlenderte, saß ein fünfzigjähriger Mann allein auf einer Parkbank und trank vornübergebeugt nachdenklich seine Cola.

Dort, wo die Pafou auf den Acharnon-Boulevard trifft, liegt auf der gegenüberliegenden Straßenseite ein herrlicher Bau mit neoklassizistischem

Dachgiebel, wie sie mit Vorliebe Ende des 19. Jahrhunderts errichtet wurden. Und dieses neoklassizistische Gebäude wirkt unpassend, ja fehl am Platz, da die Ästhetik der Straße von Wohnblöcken geprägt ist. Im Erdgeschoss ist auf einem Schild zu lesen: »Antiquitäten und ausgewählte Kunstwerke. Verkauf en gros und en détail«. Solche Dinge sind es, die mich immer wieder an Athen begeistern. Plötzlich steht man vor einem neoklassizistischen Bau, wo man ihn am wenigsten erwartet hätte, und reibt sich verwundert die Augen. Und dann sieht man so ein Schild und reibt sich noch einmal die Augen.

Die Plätze an der Acharnon-Straße haben stets eine Kirche wie etwa Agios Panteleimon oder Agios Nikolaos in ihrer Mitte und sind von Cafés umrahmt. Hier hat der Straßenplatz noch seine alte Funktion, hier pflegt man Beziehungen und Gewohnheiten. Die Menschen sitzen, ganz wie früher, in den Kafenions und politisieren. Alle, vom Popen bis zum Rentner, grüßen einander und halten auf ein Schwätzchen inne. Die alten Athener Wohnviertel sind nicht gesichtslos, hier kennt man seine Nachbarn noch. Deshalb ziehe ich auch nicht weg aus Kypseli. In Neubaugebieten ist die vertraute Nachbarschaft durch den anonymen Wohnblock ersetzt worden.

Sehr zu meinem Bedauern sind die Tante-Emma-Läden am Aussterben. Selbst in wirtschaftlich schwachen Vierteln wie Agios Nikolaos gibt es keine Krämer mehr. Die Griechen (und nicht nur die Athener) haben dem Supermarkt zum Siegeszug verholfen. Allerdings haben sich, wie überall in Europa, Einwanderer niedergelassen und ihre eigenen Läden eröffnet. So streife ich durch das Viertel mit seinen thailändischen, philippinischen, russischen oder polnischen Lebensmittelgeschäften und stelle fest, dass die alten, von den Griechen schon aufgegebenen Tante-Emma-Läden von ihren neuen Besitzern wiederbelebt wurden.

Nur selten sieht man Athener in diesen Geschäften einkaufen. Doch das ist nur eine Frage der Zeit. In der Straße, in der ich wohne, gibt es ein Kafenion der alten Schule. Es ist winzig, gerade mal drei Tische finden darin Platz. Jedes Mal, wenn ich daran vorbeigehe, sehe ich französischsprachige Afrikaner, Araber und Asiaten, aber auch Athener aus der Nachbarschaft miteinander im Gespräch. Die Griechen sind vorgerückten Alters, Männer und Frauen, die offenbar Gesellschaft bei den Migranten suchen, um ihre Einsamkeit zu überwinden und mit jemandem reden zu können. Entsprechend wird man früher oder später auch die Scheu vor den exotischen Lebensmittelläden verlieren und eintreten.

Hier drängt sich mir noch ein kleiner sprachlicher Exkurs auf: Das griechische Wort für Krämer, *bakalis,* geht auf das türkische *bakkal* zurück. Das genuin griechische Wort lautete *pantopoleion,* und es bezog sich auf die Gemischtwarenhandlung, die alles führte – von Käse, Reis und Makkaroni bis hin zu Häkelgarn, Steckdosen und Zeitungen. Nun, was sind denn Supermärkte anderes als Gemischtwarenhandlungen? Und warum hat man nur das schöne Wort *pantopoleion* aufgegeben?

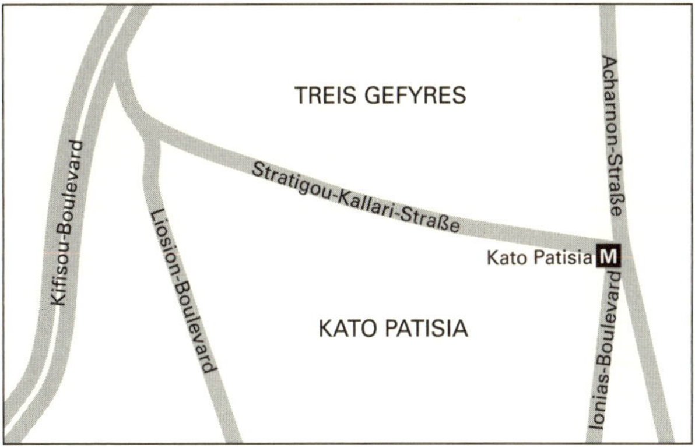

Kato Patisia

Athen ist eine Stadt der Nomaden. Es ist eine Stadt, die 1834 gerade mal zwölftausend Einwohner hatte und heute (ohne Piräus) an die vier Millionen zählt. Und es ist eine Stadt, die durch nichts anderes als Landflucht angewachsen ist, wobei die Zuwanderer langsam, aber stetig die Einheimischen zahlenmäßig übertrumpft haben. So wie die alten Ein- und Zweifamilienhäuser durch die Wohnblöcke verdrängt wurden, so erging es auch den »echten« Athenern durch die Zuzügler.

Athen machte eine schwierige Entwicklung durch, weil es einerseits unglaublich viele Leute hierherzog, weil aber andererseits dieser Zustrom nicht aus freier Wahl, sondern aus der Not geschah. Es erging diesen Menschen nicht viel anders als den ersten Zuzüglern, die im Gefolge Ottos nach Athen gekommen waren. Die erste große Welle erreichte die Stadt nach dem Ende des Bürgerkriegs Anfang der fünfziger Jahre. Die Gründe dafür waren vielfältig. Die einen kamen, weil der Krieg verbrannte Erde hinterlassen hatte. Die anderen, weil ihre Angehörigen Kommunisten waren (damals war »Kommunist« ein weiter Begriff und erfasste alle, die dem Regime nicht treu waren), sie daher auf der Abschussliste standen und lieber in Athen untertauchten, das in ihren Augen eine Riesenmetropole war. Andere wiederum wollten den Schikanen der Ordnungshüter entkommen. Doch diese Zuzügler haben Athen nie wirklich in ihr Herz geschlossen. Es waren Bauern, die das Landleben liebten und sich nach ihren Äckern zurücksehnten, die sie zurücklassen mussten. Im Grunde lebten sie in einem erzwungenen Exil.

Hinzu kam, dass die Regierung in den fünfziger Jahren – statt zum Wiederaufbau des ganzen Landes beizutragen – die simpelste Lösung vorzog: Sie machte Athen zur Vorzeigestadt und überließ den Rest von Griechenland, darunter selbst Thessaloniki, seinem Schicksal. So entstand die Illusion, Athen verkörpere Hellas. Das übrige Griechenland schien in den Augen der Volksvertreter gar nicht zu existieren.

In jener Zeit lockten Politiker, die auf Stimmenfang waren, ganze Familien aus der Provinz nach Athen, indem sie ihnen einen Posten in der Portiersloge eines Wohnblocks und eine kleine Wohnung im Kellergeschoss im Austausch gegen ihre Wählerstimmen zusicherten. So war die Stadt schon bald von Türhütern überschwemmt, die in ihrer großen Mehrzahl die Anwohner in Bezug auf ihre politischen Überzeugungen ausspionierten und bei der Polizei denunzierten.

Die Vernachlässigung der Landbevölkerung durch die Regierungen führte zur zweiten großen Auswanderungswelle, die viele Griechen als Gastarbeiter nach Deutschland trieb. Es scheint mir unnötig, hier über die Geschichte der Gastarbeiter zu sprechen, denn sie ist gut dokumentiert. Weniger bekannt ist, dass die ersten Gastarbeiter nicht nach Deutschland, sondern nach Athen auswanderten. Wenn heute Athener und auswärtige Besucher den urbanen Wasserkopf beklagen, so vergessen sie oder wissen einfach nicht, dass das unkontrollierte Anwachsen Athens auf die Erfahrungen von Hass und Schmerz gegründet ist.

So kam es, dass jene monströse Ausgeburt, die sich *polykatikia* nennt, in der Stadt Einzug hielt:

die Betonburgen Athener Prägung. Die neu zugezogenen Bewohner mussten irgendwo unterkommen. Die Billigbauten, die man heute überall in Athen vorfindet, waren die Antwort auf die Wohnungsnot angesichts der dürftigen Mittel, die den Binnenmigranten zur Verfügung standen.

Doch das Hochhaus stellte für die Athener auch eine lang ersehnte Lösung ihrer Probleme dar. Ein Freund erzählte mir vor kurzem, seine Eltern hätten in Agios Nikolaos ein hübsches zweistöckiges Haus besessen, es jedoch mit Hilfe der *antiparochi* gegen zwei Wohnungen in dem neuerrichteten Wohnhaus getauscht, das auf ihrem Grundstück gebaut wurde. Als ich ihn fragte, ob es ihnen nicht leidgetan habe, entgegnete er: »Was hätten sie denn tun sollen? Das Haus war vollkommen marode, und meine Eltern hatten kein Geld, um es reparieren zu lassen. Damals bekam man von den Banken keinen Instandsetzungskredit. Die einzige Lösung war, es einem Bauunternehmer zu überlassen und im Tausch dafür zwei Apartments zu bekommen. Andernfalls hätten sie ein paar Jahre später in einer Ruine hausen müssen.«

Die damalige Weigerung der Banken, Instandsetzungskredite zu gewähren, war nichts anderes als die politische Entscheidung, die Praxis der *antiparochi* zu fördern und die Geschäfte der Bauunternehmer zu unterstützen. Darauf gründete sich schließlich das berühmte griechische »Wirtschaftswunder« der fünfziger Jahre, das einige Dummköpfe mit dem deutschen gleichsetzen.

Der nomadische Charakter Athens ist bis heute erhalten geblieben. Die zweite und dritte Generation dieser Zuzügler betrachtet sich heute noch als Athener mit ländlichen Wurzeln. Entsprechend werden Sie auch heute noch Athener um die vierzig antreffen, die von solchen Zuzüglern abstammen und Ihnen zum Beispiel sagen: »Zu Ostern fahre ich nach Hause.« Und damit meinen sie das Dorf ihrer Herkunft, das für sie nach wie vor ihre Heimat ist. »Blut ist dicker als Wasser«, sagt ein weises Sprichwort. Gleichzeitig versuchen diese Leute jedoch, bei der ersten sich bietenden Gelegenheit die elenden Lebensbedingungen der Eltern oder Großeltern hinter sich zu lassen. Sie verkaufen die Wohnungen, die sie in den ehemals gutbürgerlichen Gegenden besaßen, zuweilen auch ein von den Eltern ererbtes Stück Ackerland oder ein Flurstück, und verlassen das Zentrum.

Viele Ausländer, vor allem Deutsche, wundern sich, wieso so viele Athener in Zeiten der Krise es sich leisten können, in die Ferien zu fahren. Es gibt dafür eine einfache Erklärung: Viele von ihnen besitzen noch das Haus der Eltern auf dem Land, oder sie fahren zu Verwandten und verbringen dort den Urlaub. Die Dörfer sind im Sommer wieder voll, weil die wenigsten Athener Familien sich ein Hotelzimmer am Meer leisten können.

Die alten Wohnviertel wurden von der Mittelschicht und dem Kleinbürgertum nicht etwa deshalb verlassen, weil man sie nicht hätte aufwerten können, sondern weil die Athener das Alte stets begeistert über Bord werfen. Sie haben so gut wie nie versucht, ihre Stadtviertel zu verschönern. Sie zogen es vor, in eine andere Gegend abzuwandern, von der sie sich ein besseres Leben versprachen. Athen bezahlt einen hohen Preis für die Verfehlungen seiner Einwohner.

So entstanden die neuen mittelständischen Wohnbezirke Chalandri, Cholargos, Papagou oder Agia Paraskevi. Man wollte sich der Einbildung hingeben, man lebe auf dem Lande und atme frische Luft – was natürlich eine Selbsttäuschung ist. Ano Petralona, ja selbst Tavros weist mehr Bäume in seinen Straßen auf als die neuen Vororte, die im Beton ersticken und doch immer noch gefragt sind. Ab und zu steht da ein Baum, und nur dann und wann trifft man auf ein kleines unbebautes Stück Land. Demzufolge stehen beim ersten herbstlichen Regenguss die meisten Viertel auch regelmäßig unter Wasser. »Dass da gehören soll, was da ist, denen, die für es gut sind.« So bringt es der Sänger am Ende von Brechts *Kaukasischem Kreidekreis* auf den Punkt.

Gut für diese Viertel waren die ärmeren Athener, die sich einen Umzug nicht leisten konnten, und die neuen Immigranten, die in die Häuser dieser Gegend einzogen, weil Verfallenes immer preiswert ist.

Heute kommt in Kypseli, Agios Nikolaos oder Kato Patisia mittlerweile auf einen Griechen ein Ausländer, während das Verhältnis von jungen zu älteren Einwohnern eins zu fünf beträgt.

Diese Zusammensetzung hat in den letzten beiden Jahren zu einem Kampf »Arm gegen Arm« geführt. Die mittellosen Athener versuchen die ebenfalls mittellosen Einwanderer zu verdrängen, wogegen sich diese mit Händen und Füßen wehren. Es wäre nun zu simpel, den griechischen Einwohnern Rassismus zu unterstellen. Die meisten sind brave Familienväter, deren einzige Vermögensanlage ihre Wohnung ist. Sie haben keine Möglichkeit, etwas anderes zu erwerben, und sie können ihren Kindern nichts anderes hinterlassen. Nun, da sie zusehen müssen, wie der Wert ihrer Wohnungen auf die Hälfte sinkt, reagieren sie frustriert und machen die Ausländer dafür verantwortlich. Ihre Argumentation lautet folgendermaßen: Die Migranten nehmen uns unsere Arbeitsplätze weg. Und mit dem Geld, das sie so verdienen, wollen sie uns jetzt auch noch unsere Wohnungen wegnehmen.

Die Neonazi-Partei »Goldene Morgenröte« hat in den letzten Jahren von dieser Ausweglosigkeit enorm profitiert. Wer aber so spricht, will nicht sehen, dass die Wahrheit eine andere ist: Die Wohnungen haben ihren Wert eingebüßt, weil sie von den vormaligen Bewohnern verlassen wurden, die lieber in neue Wohnviertel zogen. Die Einwanderer haben weder das Viertel heruntergewirtschaftet noch den Immobilienpreis in den Keller getrieben, sondern sie sind erst gekommen, als die Gegend bereits einen schlechten Ruf hatte und die Immobilien demnach billig waren.

Hinter alledem steckt ein Staat, der die Entvölkerung des ländlichen Raums in Kauf genommen hat, ohne sich über das Schicksal der Zuwanderer Gedanken zu machen.

Darüber hinaus gibt es eine andere Frage, die Griechenland genauso wie Italien betrifft. Wie ist es möglich, dass zwei Staaten, die nahezu einhundertfünfzig Jahre lang die USA, Kanada, Australien und Deutschland mit Migranten »beliefert« haben, nun so wenig Verständnis für die ins eigene Land kommenden Wirtschaftsflüchtlinge zeigen? Griechenland hing über ein halbes Jahrhundert lang von den Schecks der in die USA, nach Kanada und Australien emigrierten Landsleute ab. Und weitere drei Jahrzehnte zehrte es von den Überweisungen der Gastarbeiter aus Deutschland. Dennoch haben nur ganz wenige für diejenigen Verständnis, die in irgendeinem Winkel Afrikas oder Asiens mit bangem Herzen auf die Geldsendungen ihrer Lieben aus Griechenland warten.

Auf dem Bürgersteig gleich vor meiner Wohnung steht eine öffentliche Telefonzelle. Den ganzen Tag und oft auch nachts höre ich, wie Migranten in die Muschel des Hörers schreien, um sich an irgendeinem entlegenen Ende dieser Erde verständlich zu machen. Nicht viel anders, will mir scheinen, klangen in den sechziger Jahren die aufgeregten Stimmen der griechischen Gastarbeiter, wenn sie vom Bahnhof irgendeiner deutschen Stadt aus ihre Familien zu Hause anriefen. Wir sind, selbst was unser eigenes Schicksal betrifft, ein Volk mit Kurzzeitgedächtnis.

All das fällt mir ein, wenn ich an Kato Patisia denke, die vielleicht kälteste und unpersönlichste Wohngegend aller ehemals gutbürgerlichen Viertel. Kato Patisia ist auch die einzige Stadtbahnhaltestelle, die auf der Acharnon-Straße – und noch dazu auf ihrem abstoßendsten Teilstück – liegt.

Wir befinden uns in einer Gegend, die Drei Brücken heißt. Von hier fahren schon seit ewigen Zeiten die Fernbusse nach Euböa und Volos ab. Vielleicht liegt es am Busbahnhof, dass Kato Patisia so wenig einladend wirkt. Denn genauso ungastlich erscheint auch die Umgebung am Kifisos-Busbahnhof, von wo aus die Überlandbusse in Richtung Peloponnes, Thessalien und Thessaloniki starten.

Der freundliche Anblick eines von einem Garten umgebenen italienischen Restaurants und des dazugehörigen Cafés an der Ecke des Stratigou-Kallari-Boulevards führt den Fahrgast, der gerade aus der Stadtbahn steigt, in die Irre. Denn nur einen Häuserblock weiter erweist er sich auf voller Länge als einer der abweisendsten Straßenzüge Athens. Den Besucher beschleicht das Gefühl, selten etwas so Nichtssagendes erblickt zu haben. Die Querstraßen sind allesamt schmal und werden förmlich von den billigen Wohnsilos erdrückt. Nirgendwo sonst ist der Eindruck nackten Betons so übermächtig wie in diesem Bezirk.

Das einzige Grün weit und breit winkt an der Ecke Stratigou-Kallari-Boulevard und Acharnon-Straße. Dort trifft man auch wieder auf Akazienbäume, auf einen breiten Grünstreifen und auf Lebensbedingungen, die an die fünfziger und sechziger Jahre erinnern. Doch dieser Abschnitt ist im Grunde nur eine Fata Morgana, die sich im Nichts aufzulösen scheint, denn kaum geht man ein Stück weiter, gewinnt die alles zermalmende Kahlheit des Betons wieder die Oberhand.

Die schönsten Ausblicke bieten in Attiki oder in Agios Nikolaos die Querstraßen zur Acharnon – wie etwa die Sozopoleos- oder die Pafou-Straße. In Kato Patisia sind selbst die Querstraßen zur Acharnon von dermaßen erdrückender Hässlichkeit, dass man so schnell wie möglich Reißaus nehmen möchte.

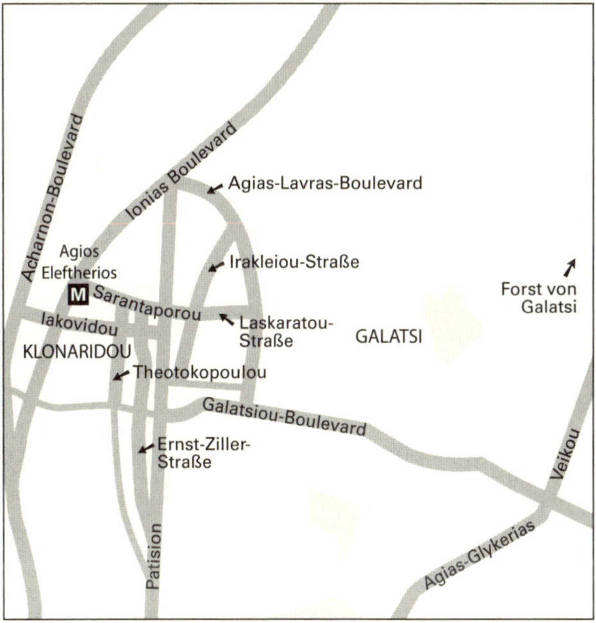

Agios Eleftherios

An dieser Stadtbahnhaltestelle sind wir, nach einem kleinen Schlenker, wieder zum Ionias-Boulevard zurückgekehrt. Während wir im Umfeld der Station Kato Patisia an der Acharnon-Straße entlanggingen, hat sich der Ionias- vom Liosion-Boulevard gelöst, vollführte eine Wendung, querte die Acharnon und liegt nun bei der Station Agios Eleftherios zwischen der Acharnon- und der Patision-Straße. Egal, ob man nun die Sarantaporou- oder weiter drüben die Iakovidou-Straße nimmt, alle Wege führen zur Patision.

Nach dem Halt in Kato Patisia ist Agios Eleftherios eine erfreuliche Überraschung. Denn im Gegensatz zu Kato Patisia, wo die Querstraßen zur Acharnon in Richtung Ionias-Boulevard ohne eigene Persönlichkeit und voller gleichförmiger, den Betrachter einschläfernder Wohnsilos waren, herrscht in Agios Eleftherios auf den Straßen, die vom Ionias-Boulevard zur Patision führen, wieder das Flair eines mittelständischen Viertels.

Die Gegend trägt die Bezeichnung Klonaridou, nach einer großbürgerlichen Familie gleichen Namens, die bis zum Zweiten Weltkrieg hier lebte. Ihr herrschaftliches Palais zierte noch viele Jahre nach dem Tod seines letzten Bewohners die Patision-Straße, jetzt ist es verschwunden. An seiner Stelle liegt heute ein kleiner Park mit Büschen, Bänken und einem Becken mit drei Springbrunnen. Darunter darf man sich nun nicht den Königsgarten von Mallorca vorstellen mit seiner Wasserallee und jener dem großen griechischen Dichter Kavafis gewidmeten Skulptur – wenn ich es nicht schon längst getan hätte, würde ich die Katalanen schon allein aufgrund der Tatsache, dass sie dem Dichter

Kavafis eine Statue geweiht haben, sofort ins Herz schließen. Es ist fraglich, ob in ganz Athen eine einzige Kavafis-Büste steht, und falls ja, dann sicher nicht an so prominenter Stelle. Und was die Springbrunnen hier in Klonaridou angeht, so handelt es sich dabei bloß um drei Wasserspeicher, die in einem zwei mal vier Meter großen Becken vor sich hin plätschern.

Die Sarantaporou und die Iakovidou, die von der Stadtbahnhaltestelle zur Patision führen, sind zwei alte Straßen. Die Patision, die vom Amerikis-Platz bis zum Koliatsou-Platz eine breite Einkaufsmeile für Klamotten und Schuhe bietet, ist hier viel enger und wird nur noch von Wohnblöcken gesäumt.

Die Gegend und speziell die kleineren Straßen erinnern ein wenig an Agios Nikolaos, doch auch nach intensiver Suche wird man hier kaum eine Straße finden, die einer dortigen Pafou oder auch einer Sozopoleos entspricht. Hingegen wurde einer der größten Architekten in der Geschichte des modernen Athen einer ungerechten Strafe unterzogen: Die Ernst-Ziller-Straße ist sichtlich ein Produkt der *antiparochi*-Periode. Nicht anders die Theotokopoulou-Straße, benannt nach dem unter dem Namen El Greco weltbekannten Maler.

Das einzig Tröstliche an dieser Gegend ist, dass die Wohnblöcke mehr in die Breite als in die Höhe wachsen und kaum mehr als drei Etagen aufweisen. In der Sarantaporou hingegen, die eine seltsame Mischung aus alten Häusern und modernen Betonsilos darstellt, schrauben sich vorwiegend schmale Blöcke hoch in den Himmel.

Nunmehr nähern wir uns dem Ende der Patision-Straße, und ein neues Viertel – Galatsi – liegt rechterhand der Verkehrsader. Nach Galatsi gelangt man auf zwei Arten: Entweder fährt man die Patision entlang bis zur Laskaratou-Straße, der Verlängerung der Sarantaporou, oder man fährt die Patision zurück und biegt links in den Galatsiou-Boulevard ein.

Meine persönliche Empfehlung lautet: Wählen Sie die Laskaratou. Die Kreuzung Laskaratou-Patision hat etwas wesentlich Interessanteres zu bieten, nämlich das zweite – und einzig erhaltene – herrschaftliche Palais der Gegend. Allerdings ist es in einem ruinösen Zustand, und ich würde es mit Sicherheit für unbewohnt halten, wären da nicht die auffällig gepflegten Blumen auf den schmalen Balkonen und der bunt blühende Garten, der – wie bei allen alten Athener Häusern – ein Vorgarten ist. In diesem Fall verläuft er um die Ecke und vermittelt einen Abglanz der alten Pracht des Palais.

Hier beginnt auch der Irakleiou-Boulevard, der ein Stück hinter der folgenden Station, Ano Patisia, den Ionias-Boulevard ablöst und förmlich verschluckt.

Galatsi war ursprünglich ein kleiner, aber historischer Bezirk. In den letzten dreißig Jahren gab es ein erstaunliches Wachstum im Umfeld dreier Straßen: der Agias-Lavras, der Agias-Glykerias und der Veikou. Die hübscheste der drei ist die Agias-Lavras, die neutralste die Agias-Glykerias und die zügelloseste die zuletzt entstandene Veikou.

Ist das Athener Zentrum ein Ergebnis des antiparochi-Systems, so könnte man Straßen wie die Veikou oder Viertel wie Chalandri als Produkte der Gemüsegärten bezeichnen. Das hört sich etwas bizarr an, trifft aber den Kern. In diesen Gegenden lagen nämlich große Anbauflächen, die Athen mit Römersalat versorgten. Und es kam der Tag, als es den Gemüsegärtnern gewinnbringender schien, die Anbauflächen Bauunternehmern zur Verfügung zu stellen und im Gegenzug mit Wohnungen ausbezahlt zu werden. So wurden aus Gemüsegärtnern binnen weniger Jahre Immobilienanleger. Viele Athener verließen die Wohnviertel im Zentrum und zogen in die neu errichteten Wohnblöcke. Und die Salatköpfe verzogen sich ihrerseits ins Athener Umland. Als ich in Chalandri wohnte, waren meine Vermieter stolze Besitzer von noch drei weiteren Wohnungen in meinem Wohnhaus und von noch einmal so vielen in zwei weiteren Hochhäusern. Das war die reiche Ernte, die ihnen der Ahnherr der Familie bescherte, indem er einst Grünzeug angepflanzt hatte.

So entstanden in der Veikou-Straße eine Reihe uniformer Silobauten mit ein paar Cafés zwecks Auflockerung der Monotonie. Die Straße hat jedoch einen großen Pluspunkt zu bieten, und das ist das Forstrevier von Galatsi, das sich beiderseits der Straße erstreckt. Dadurch wird Galatsi vor allem bei brütender Hitze zu einer Oase. Wenn ich im Sommer nicht mehr ein und aus weiß, fahre ich abends zum Essen in eine zwischen Bäumen gelegene Taverne, die von mir »Schnitzelchen von Galatsi« getauft wurde, ohne dass ich mich je für ihren tatsächlichen Namen interessiert hätte.

So mancher wird sich wundern, wie gerade dieses Forstrevier vor Bränden verschont geblieben ist. Nun, das liegt daran, dass der Stadtbezirk Galatsi für seine Einhegung und seinen Schutz Sorge getragen hat – ein Glücksfall für den Wald und für die Bevölkerung. Mitten unter den Bäumen liegt auch ein sehr schönes Open-Air-Kino, das sommers in Betrieb ist.

Wenn ich durch Athen flaniere, kommt mir oft folgender Vergleich in den Sinn: Es gibt gutaussehende junge Leute, die im Alter unansehnlich werden. Und es gibt farblose junge Leute, die im Alter an Ausstrahlung gewinnen. Athen gleicht einer Person, die in der Lebensmitte jeden Charme verloren hat.

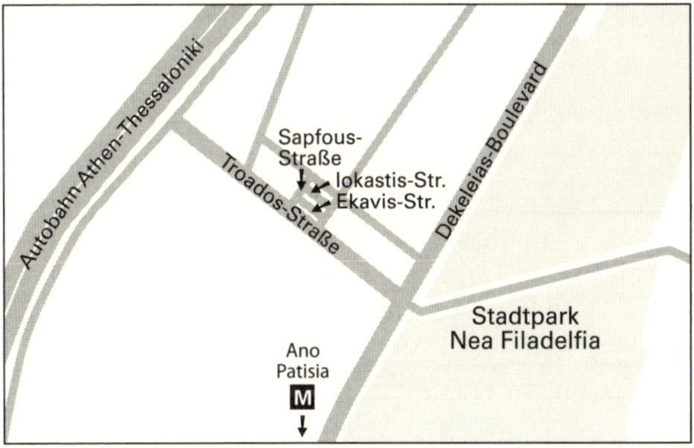

Ano Patisia

An der Haltestelle Ano Patisia sind wir am Ende angelangt – nein, nicht der Stadtbahnstrecke, sondern der Patision-Straße. Die Haltestelle selbst hängt im wortwörtlichen und im übertragenen Sinne »in der Luft«. Wortwörtlich, da sie auf einem Viadukt thront, und übertragen, da sie kein unmittelbares Hinterland hat.

Nimmt der Besucher den linken Ausgang, so hat er die Wahl: Entweder setzt er seinen Weg immer weiter fort, bis er zur Autobahn Athen-Lamia gelangt, oder er biegt vorher nach rechts auf den Dekeleias-Boulevard ab. Dieser bildet die zentrale Verkehrsader durch eines der beiden größten Flüchtlingsviertel Athens: Nea Filadelfia. Das zweite heißt, wie schon erwähnt, Nea Ionia, doch Nea Filadelfia ist meiner Ansicht nach authentischer. Das kann an meiner besonderen Beziehung zu diesem Bezirk liegen, denn dort wohnt eine Figur aus meinen Kriminalromanen, die mir besonders lieb ist: Lambros Sissis.

Das Wohnhaus von Lambros Sissis liegt in der Ekavis, einem engen Sträßchen, in dem gerade mal zehn Einfamilienhäuser und kein einziger Wohnblock Platz gefunden haben. Man muss den Dekeleias-Boulevard ein ganzes Stück hochfahren, um sie zu finden: Vis-à-vis vom Stadtpark zweigt links die Troados-Straße ab, die fährt man hinunter bis zur Sapfous-Straße und von dort in die Ekavis.

Die parallel verlaufende Iokastis-Straße ist genau so schmal. Die geniale Idee, einerseits die Heldin von Euripides' *Troerinnen,* andererseits die von Sophokles' *König Ödipus* für den Namen zweier nebeneinanderliegender Straßen Pate stehen zu lassen, stammt vermutlich von einem Bürgermeister, der ein Liebhaber antiker Tragödien war. Erstaunlicherweise passt Ekavi (Hekabe) tatsächlich hierher, da sie aus derselben Gegend wie die im Viertel lebenden Vertriebenen stammt, nämlich aus Kleinasien.

Die eine Seite der Ekavis-Straße wird von einer

Fabrikmauer begrenzt, die andere weist eine Reihe blühender Gärten auf, deren Pflanzen zumeist nicht aus Tontöpfen, sondern aus vielfarbig bemalten Ölkanistern herauswachsen. Ein Merkmal der orientalischen Armutskultur war stets ihre Buntheit. Essen kam vielleicht nicht genug auf den Tisch, doch an Farben konnte man sich immer sattsehen. Vom Garten führt eine Treppe hoch in das erste und einzige Stockwerk. Die Häuser haben ihren ursprünglichen Charakter bewahrt und sehen noch so aus, wie sie von den aus Kleinasien Vertriebenen errichtet wurden, als sie sich in dieser Gegend niederließen. Doch nicht nur die Häuser machen hier den Unterschied. Nirgendwo sonst, außer vielleicht in Nea Ionia, ist das Nachbarschaftsgefühl so ausgeprägt wie hier. Wenn gutes Wetter herrscht (und das herrscht fast immer, Nea Filadelfia ist der Ort, an dem die Athener Sommerhitze ihre Spitzenwerte erreicht), sitzen die Frauen in der Ekavis-Straße in ihren Gärten, plaudern miteinander oder gießen ihre Blumen. Manchmal ruft eine Frau der anderen, die drei Gärten weiter wohnt, etwas zu, und das Gespräch entspinnt sich über die Köpfe der übrigen Frauen hinweg.

Es ist kein Zufall, dass meine Figur, der Altkommunist Lambros Sissis, in dieser Gegend wohnt. Nea Filadelfia war früher, so wie alle Flüchtlingsviertel, eine Hochburg der Linken. Die übrigen Parteien hatten in diesen Wahlkreisen keine Chance und machten einen weiten Bogen um sie, aus Angst vor den galligen Kommentaren der Einwohner. Sissis ist das Kind Vertriebener, hier ist er aufgewachsen, und hier wird er seine Tage auch beschließen.

Die Flüchtlinge aus Kleinasien gehören zu den Nomaden, die in Athen gestrandet sind, doch hier enden auch bereits die Ähnlichkeiten mit den vorab erwähnten Zuzüglern. Denn sie zogen nicht von Viertel zu Viertel, sondern blieben den Stadtteilen treu, in denen sie ihre Häuser gebaut hatten. Und sie empfanden keine Abneigung gegen Athen. Sie haben die Stadt so akzeptiert, wie sie war, obwohl sie arm waren und ihr Weg steinig, auch nach der Flucht noch. Ihre heimatlichen Gefilde behielten sie in nostalgischer und schmerzvoller Erinnerung.

Sie waren nicht mit leeren Händen gekommen: Sie hatten ihre bedeutende kulinarische Tradition mitgebracht. Mit Ausnahme der Küche der Ionischen Inseln war die griechische Küche der letzten hundert Jahre eine rein kleinasiatische Angelegenheit. Das spiegelt sich darin wider, dass dank der kleinasiatischen Verbindung viele Gerichte in der Türkei und in Griechenland gleich heißen, von Moussaka bis Imam Bayildi, von Tzatziki bis Dolmades (die Bezeichnung *Gemista,* also gefüllte

Tomaten und Paprika, kam erst viel später auf). Das zeigt, dass ein Bevölkerungsaustausch zwar ein schmerzliches Ereignis ist, aber nicht notgedrungen negativ besetzt sein muss.

Alle kleineren Straßen in Nea Filadelfia bestehen aus solchen ein- oder zweistöckigen Flüchtlingshäusern, oft mit Garten oder Vorhof. Falls sich der Reisende fragt, ob es in Nea Filadelfia denn gar keine Betonburgen gibt, so muss ich ihn leider enttäuschen. Der ganze Dekeleias-Boulevard vom Stadtpark aufwärts wimmelt von Neubauten.

Nea Filadelfia war einst ein Tavernenparadies, was eine Eigentümlichkeit bekräftigt, die nicht nur typisch für Griechenland, sondern für ganz Südeuropa ist. Die guten Esslokale liegen nicht immer in den teuren, hübschen Gegenden. Im Süden bekommt man das beste Essen oft in eher bescheidenen und äußerlich anspruchslosen Restaurants.

In Nea Filadelfia habe ich früher zwei Lokale regelmäßig besucht. Das eine hieß Ananias und bot die Gerichte der Istanbuler Griechen an. Das andere hieß nach seinem Wirt Kanioglou und servierte Speisen aus den Herkunftsgebieten der kleinasiatischen Griechen. Lieber ging ich ins Kanioglou, und zwar nicht, weil es dort das bessere Essen gab, sondern weil der Inhaber ein sehr eigenwilliger Tavernenwirt war. Kanioglou hatte die Methode der

Gesichtskontrolle, die heute in den Athener Nachtclubs angewendet wird, schon Ende der sechziger Jahre eingeführt. Genauso, wie heute der Türsteher eines Nachtclubs die Gäste taxiert und je nach Eindruck entscheidet, wer reindarf und wer nicht, bediente auch Kanioglou nur diejenigen Gäste, die einen guten Eindruck auf ihn machten. Er stand mit seiner schneeweißen Schürze hinter der Kühlvitrine, in der er alle Mezze-Häppchen angerichtet hatte, und passte ihm ein Gast nicht, so erklärte er, er könne ihm leider nichts anbieten. Wenn der Gast sich dann beschwerte, die von ihm gewünschten Speisen gebe es doch in der Vitrine, war die Antwort: »Alles schon bestellt«, selbst wenn das Lokal halb leer war. Mich und meine Freunde hingegen mochte er, und er bereitete uns sogar Mezze zu, die gar nicht in der Vitrine waren.

Heute gibt es das Kanioglou nicht mehr, und das Ananias hat mit dem Vorläufer gar nichts mehr zu tun. Hinzugekommen ist das Pera, benannt nach dem zentralen Istanbuler Viertel, das eine Kombination aus Gerichten der Istanbuler Griechen und anatolischen Kebab-Spezialitäten bietet.

In den sechziger Jahren gab es auch noch die Konditorei Kanakis auf einem kleinen Platz am Dekeleias-Boulevard. Dort wurde das köstlichste Sahneeis Athens hergestellt und das beste Ekmek mit Eis angeboten. Ich spreche in der Vergangenheitsform, obwohl es das gleichnamige Lokal und Geschäft noch gibt, das jedoch mit dem alten Kanakis wenig gemein hat. Es ist eine jener durchschnittlichen Konditoreien geworden, die man in Athen zuhauf finden kann.

Nea Filadelfia ist jedoch nach wie vor ein sehr hübsches Viertel, das in jedem Fall einen Spaziergang lohnt.

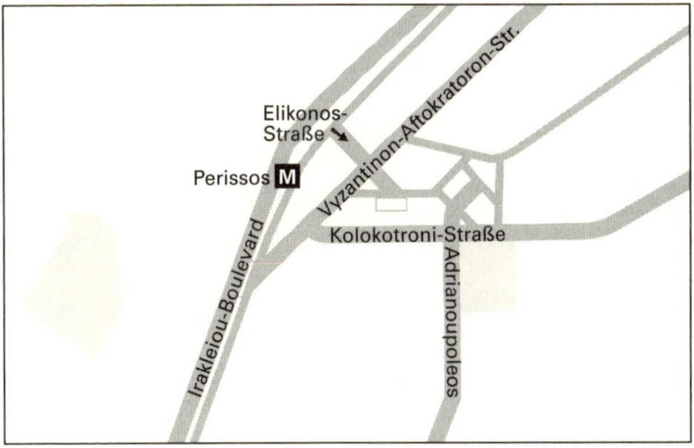

Perissos

Von Perissos aus erreicht man eine ganze Reihe von Wohnvierteln, die durch die Stadtbahntrasse erheblich aufgewertet wurden. In Zeiten, da Athen nur über ein rudimentäres öffentliches Verkehrsnetz verfügte, war die Nähe zu einer Stadtbahnstation ein großes Privileg, denn »die Elektrische« war das einzige zuverlässige Verkehrsmittel. Obgleich man nicht besonders schnell unterwegs war, so wusste man doch, mit ihr würde man achtundzwanzig Minuten von Maroussi zum Omonoia-Platz brauchen, nicht mehr und nicht weniger. Mit dem Bus konnte man nicht sicher sein, ob man überhaupt je ankam. Ein Beispiel zur Illustration:

Als ich an der Grenze zwischen Chalandri und Maroussi wohnte, in einer Gegend namens Polydroso, dauerte die Fahrt ins Zentrum wochentags, je nach Stau, zwischen 45 und 75 Minuten, sonntags etwa 35 Minuten und an Feiertagen wie Ostern oder Mariä Himmelfahrt, wenn sich Athen zu großen Teilen leert, eine Viertelstunde.

Wohnviertel wie Perissos, Pefkakia, Irakleio und Maroussi, aber auch das Flüchtlingsviertel Nea Ionia verdanken ihre Aufwertung zum großen Teil der Anbindung an die Stadtbahn. Magische Sätze wie: »Ja, aber die Wohnung liegt nur fünf Minuten von der Stadtbahn entfernt!«, oder auch nur das Wort »Stadtbahnnähe« trieben den Kaufpreis der Immobilien automatisch in die Höhe.

Die Einfahrt in die Haltestelle Perissos lässt Gutes hoffen, ähnlich beeindruckt ist man beim Verlassen der Station, wenn man auf ein ansteigendes, von Bäumen gesäumtes Gelände trifft. Sobald man den kleinen Park jedoch durchquert hat, kommt einem unweigerlich Thomas Bernhard in den Sinn: Der Schein trügt.

Denn hinter dem Park empfangen einen die üblichen Straßenschluchten und die hohen Wohnsilos. Mit ein paar vorwitzigen grünen Tupfern am Eingang oder aus dem Souterrain versuchen hier die Bewohner den Besucher hinters Licht zu führen.

Sobald dieser jedoch die Elikonos-Straße erreicht und dann nach links in die Vyzantinon-Aftokratoron-Straße einbiegt, wird er des wahrhaftigen Bildes gewahr. Hier bestimmen nicht die Hochhäuser, sondern die verlassenen Fabrikanlagen das Lokalkolorit. Betonriesen mit halb zerborstenen Fensterscheiben, zum Teil durch Graffiti »revitalisiert«, führen einen in eine Zeit zurück, als Perissos noch nicht durch die Stadtbahn aufgewertet war.

Hier fand die dritte Art von Bauboom statt. Die erste geschah durch die Altes-Haus-gegen-neue-Wohnung-Tauschpraktik der *antiparochi.* Die zweite gründete sich auf den Tausch Salatzucht-gegen-Wohnung. Die dritte wurde durch die »nachträgliche Baubewilligung« ermöglicht.

Die ganze Gegend bestand aus Brachen, die im Grunde dem Staat gehörten. Einige Leute begannen hier ohne Baugenehmigung Häuser zu bauen, manche sogar Maschinenhallen oder Fabriken. Zugegebenermaßen waren viele davon mittellose Familien, die sich unter großen Opfern ein Dach über dem Kopf schufen. Daneben gab es jedoch auch einige, die sich fremdes Eigentum bewusst widerrechtlich aneigneten. Die jeweiligen Regierungen (und zwar alle, daher der Plural) legalisierten dann den Besitz der unrechtmäßig und ohne Baugenehmigung errichteten Häuser – und zwar im Tausch gegen die Wählerstimmen der Eigentümer und Bewohner dieser Häuser. Der wirksamste Wahlslogan der Parteien lautete damals wie heute: »Wähle mich, dann bewillige ich dir dein Haus.«

Eine nähere Betrachtung sind die Olivenbäume wert, die immer noch die Straßen von Perissos verschönern. Jeder Grieche, aber auch jeder Italiener oder Spanier weiß, dass Olivenbäume überall wachsen. Man braucht nur einen Olivenkern auszuspucken, und schon beginnt er zu keimen. Die Gegend war einst dicht bewaldet, doch sie wurde willkürlich von den Bauherren abgeholzt, um Platz für Häuser und Wohnblöcke zu schaffen. Die wenigen Olivenbäume, die überlebt haben und noch die Straßen säumen, erweisen sich als beharrlicher als Korruption und widerrechtliche Aneignung. Die Hoffnung stirbt zwar zuletzt, doch die Olivenbäume überdauern selbst die Hoffnung.

Wenn ich heute lang und breit geführte Diskussionen über Filz und Korruption höre, muss ich lachen, da das Übel schon Ende des 19. Jahrhunderts seinen Anfang nahm, als die widerrechtlich angeeigneten öffentlichen Liegenschaften von den Regierungen und den Politikern nachträglich bewilligt wurden.

Der Stadtteil Perissos trägt den Stempel der nachträglichen Baubewilligung. Das Gute an Vierteln wie Agios Nikolaos, Attiki oder Agios Eleftherios ist, dass sie unverfälscht sind. Sie sind nichts anderes als das, was man sieht. Sie simulieren nichts. Es sind ehemals gutbürgerliche Bezirke, die von ihren Bewohnern verlassen wurden. Sie zeigen zwar Trauer über diese Abwanderung, doch sie verstellen sich nicht.

Ein Viertel wie Perissos hingegen versucht, einem etwas vorzugaukeln. Wenn man etwas genauer hinschaut, unterscheidet sich Perissos nämlich kein bisschen von Agios Eleftherios oder Ano Patisia. Es verfügt nicht über die Ausstrahlung von Nea Filadelfia oder Nea Ionia. Das Einzige, was Perissos auszeichnet, sind die verlassenen Fabrikhallen und der Charakter einer ruhigen Wohngegend, fern vom Verkehrslärm und der Umtriebigkeit der Patision-Straße.

Wenn ich zwischen der Sozopoleos-Straße in Attiki bzw. der Pafou-Straße in Agios Nikolaos und der Elikonos- bzw. der Kolokotroni-Straße in Perissos wählen sollte, so würde ich mich – ohne eine Sekunde zu zögern – für die ersten beiden entscheiden.

Wer anderer Meinung ist, soll sich doch bitte mal an die Ecke Kolokotroni- und Adrianoupoleos-Straße stellen und dann zuerst die einförmig in Reih und Glied bebaute Kolokotroni hinunterschauen und dann den Blick nach rechts in die Adrianoupoleos schweifen lassen, die genau dasselbe Schauspiel bietet. Der Anblick dieser beiden langen Straßen, die sich keinen Deut von den entsprechenden Seitenstraßen der Patision oder der Acharnon unterscheiden, genügt vollauf, um verständlich zu machen, dass nur das pure Wunschdenken aus ihnen etwas Besseres macht, als sie sind, die Illusion, Athen sei weiter draußen schöner.

Ich weiß nicht genau, warum, aber als ich hier entlangging, kam mir ein alter griechischer Film aus den sechziger Jahren mit dem Titel *Das Traumviertel* in den Sinn. Er handelte von der damals vielleicht heruntergekommensten Gegend Athens, dem Bezirk Asyrmatos, der jenseits von Peristeri, einem weiteren großen Arbeiterviertel, lag. Heute ist Asyrmatos ein Teil von Peristeri, das zu einer Art Atlantic City mutiert ist – mit drei- und vierstöckigen Vergnügungszentern voller Bouzoukischuppen und Bars bis hin zu Diskotheken und Nachtclubs.

Das ist das Los der Athener Traumviertel: Der Traum wird nicht Wirklichkeit, sondern Wahn.

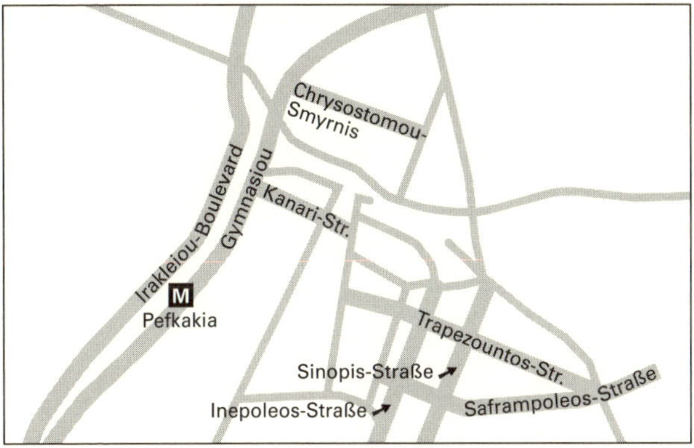

Pefkakia

Der Spaziergang durch Pefkakia lässt mich an Jannis Ritsos' Verse aus seinem von Mikis Theodorakis vertonten Werk *Romiosini (Griechentum)* denken.

Das Leben zieht bergauf
Mit Fahnen und mit Trommeln.

Kann sein, dass die mittlerweile nicht mehr ganz so zahlreichen Fahnen und die Sprachrohre, die den Trommeln folgten, eine Haltestelle zuvor in Perissos zurückgeblieben sind, wo sich die Zentrale der Kommunistischen Partei Griechenlands befindet. Pefkakia jedenfalls ist wunderschön auf sanften

Hügeln gelegen, und es würde mich nicht wundern, wenn der Dichter beim Verfassen der Verse ihren Anblick im Sinn hatte.

Obwohl Pefkakia näher an Perissos liegt, bildet es eine Art Vorhof zum Nea-Ionia-Viertel. Das wird sofort spürbar, wenn man die Geschäfte in der Gymnasiou-Straße am Ausgang der Stadtbahnstation betrachtet. Sie sind klein und auf den Bedarf der Anwohner ausgerichtet: Fleischereien, Geschäfte mit Konfektionskleidung und Elektrogeräten – die Auslagen bunt zusammengewürfelt, wie üblich in kleinbürgerlichen Läden.

Das Interessante an Pefkakia ist, dass Alt und Neu koexistieren, dass das Alte sich vor dem Neuen nicht zu schämen braucht. In der Gymnasiou-Straße trifft man zunächst auf alte ein- oder zweistöckige Flüchtlingsbauten, dann auf solche, die den Traum vom dritten Stockwerk wahr gemacht haben, und zuletzt auf Wohnblöcke. Dasselbe Bild herrscht auch auf den sanften Hügeln vor, die an der Gymnasiou-Straße einsetzen. Alt und Neu stehen hier gleichberechtigt nebeneinander. In Perissos hingegen offenbaren die verlassenen Fabrikhallen an der Seite der neu erbauten Hochhäuser genau das, was die vorgebliche »Aufwertung« zu verbergen trachtet.

Dort, wo die Gymnasiou- die Kanari-Straße

quert, taucht plötzlich ein langgestrecktes, dicht bewachsenes Naturgelände auf. Der Spaziergänger gewinnt den Eindruck, irgendwo in Attika zu sein, in Markopoulo oder Malakassa etwa. Es ist eine der seltenen Gelegenheiten, dass sich vor den Augen des Betrachters mitten in Athen eine schier endlose Grünfläche erstreckt. Steht man an der Ecke Gymnasiou- und Chrystostomou-Smyrnis-Straße auf der Brücke, dann ist es grün, so weit das Auge reicht.

Diese Oase zieht sich links der Schienentrasse der Stadtbahn entlang. Das ist die einzige Strecke, wo die Stadtbahn an einem dichten Baumbestand vorüberzieht, abgesehen von Irakleio.

Südlich des Bahnhofs, in Richtung Irakleiou-Boulevard, unterscheidet sich Pefkakia nicht von Perissos: Neubauten in Reih und Glied und die ewig gleichen Straßenzüge. Doch hier bestätigt sich der Eindruck, den man an vielen Stellen Athens gewinnt: Der Unterschied zwischen den alten und neuen Straßen, zwischen den alten und neuen Vierteln besteht nicht in einer Diskrepanz zwischen Arm und Reich oder Elend und Wohlstand. Der Unterschied ist im Grunde ein ästhetischer und misst sich im Grad von Wahrhaftigkeit oder Verstellung, echt oder unecht. Kehren wir noch mal zurück an die Haltestelle Perissos: Wenn man sie verlässt, steht links ein vierschrötiger Büroturm mit einer riesigen Aufschrift: Präfektur Athen. Baudirektion Nord. Dadurch wird unterstellt, dass in Perissos die nördlichen, großbürgerlichen Athener Bezirke beginnen. Doch Perissos hat mit dem Norden so wenig zu tun wie der Vouliagmenis-See mit dem Zürichsee.

Hier liegt der Unterschied zwischen dem Ionias- und dem Irakleiou-Boulevard. Der nach Norden führende Ionias-Boulevard ist unverfälscht. Selbst in seinem hässlichsten Teilstück, das in Attiki beginnt, zeigt er sich ungeschminkt und ungeschönt. Weder verbirgt er verschämt seine Ärmlichkeit, noch versteckt er seine Trostlosigkeit. Der Irakleiou-Boulevard hingegen, der nach Perissos und daraufhin weiter nach Pefkakia führt, gibt sich für etwas anderes aus, als er ist, auch wenn er sich durch nichts von seinem Gegenstück abhebt. Und seine Querstraßen zeichnen sich bloß dadurch aus, dass ihre Neubauten jüngeren Datums sind.

Darüber hinaus genießt der Ionias-Boulevard das Privileg, schön zu enden. Schon kurz nach Agios Eleftherios stehen immer mehr Bäume an seinem Saum, wohingegen in Ano Patisia sowohl der Boulevard selbst als auch seine Nebenstraßen allesamt in dunkles Grün getaucht sind. Die Nacktheit des Betons kehrt erst mit dem Übergang zum Irakleiou-Boulevard zurück.

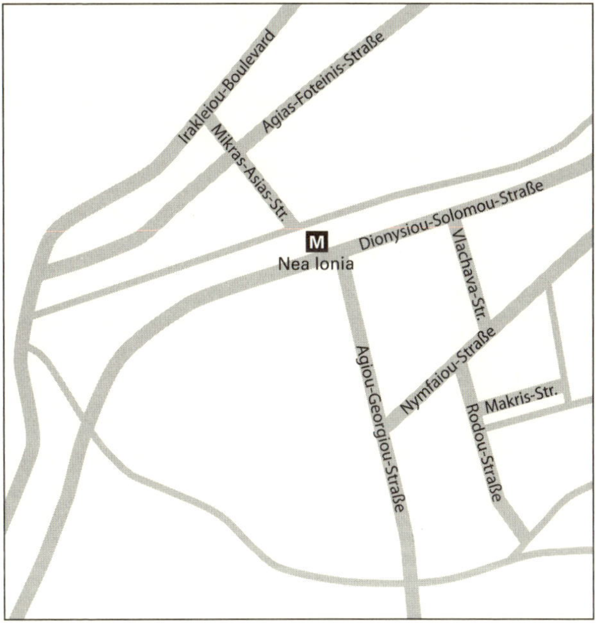

Nea Ionia

In Podarades, wie diese Gegend früher hieß, wurde 1923 von General Nikolaos Plastiras eine Flüchtlingssiedlung gegründet. Die Mehrzahl der Vertriebenen waren Opfer der Folgen des glücklosen Kleinasiatischen Feldzugs von 1922 und stammten aus Pisidien, dem Gebiet um Antalya. So erhielt der Bezirk den Namen Nea Pisidia – neues Pisidien.

Doch der Flüchtlingsstrom riss auch nach dem Bevölkerungsaustausch von 1923 nicht ab, und auch aus anderen Teilen Kleinasiens, aus Kappadokien, Smyrna oder Ayvali kamen Vertriebene. Deshalb wurde der Stadtteil ein drittes Mal umgetauft und erhielt den Namen Nea Ionia, der allen Herkunftsgebieten der Flüchtlingsfamilien gerecht wurde. Woher die Bewohner dieses Viertels stammen, erkennt man auch an den Straßennamen, die an das langjährige Zusammenleben von Griechen und Türken zu gemahnen scheinen, da sie nach Trapezounta (Trabzon), Sinopi (Sinop), Inepoli (Inebolu) und Saframpoli (Safranbolu) benannt sind, lauter Städten in Kleinasien, in denen früher viele Griechen lebten.

So ist Nea Ionia entstanden, zusammen mit dem gleichnamigen Boulevard, der nicht nur wegen der Flüchtlinge seinen Namen erhielt, sondern weil auch die Straße bis Nea Ionia führte. Später wurde sie bis Neo Irakleio ausgebaut. Eigentlich sollte die Straße zu Irakleiou-Boulevard umbenannt werden, aber die Politiker wählten den Kompromiss. Der erste Teil des Boulevards behielt seinen ursprünglichen Namen, der zweite Teil wurde in Irakleiou-Boulevard umgetauft.

Der Gründer von Nea Ionia, Nikolaos Plastiras, war einer der wenigen Politiker, die sich für die Flüchtlinge in Griechenland verantwortlich fühlten. Schon 1922 verhielten sich die Griechen gegen ihre Landsleute aus Kleinasien genauso unfreundlich und feindselig wie heute gegen die neuen Einwanderer. Die Griechen aus Kleinasien waren so lange willkommen, wie sie an der Seite der griechischen Armee kämpften. Doch als der Krieg verloren war, der die griechische Armee auf der Jagd nach der Chimäre eines »Großgriechischen Reiches« bis tief in die Türkei geführt hatte, überließ man sie ihrem Schicksal – dort genauso wie hier. Andererseits muss man einräumen, dass die sogenannte »Kleinasiatische Katastrophe«, die Niederlage gegen die Türkei, das Land an den Rand des Ruins gebracht hatte. Griechenland war kaum in der Lage, seine eigene Bevölkerung zu ernähren, wie sollte es da die zusätzlichen Mäuler stopfen?

In Nea Ionia sind die meisten Häuser der ersten Flüchtlingsgeneration erhalten geblieben. Beim Verlassen der Stadtbahnstation stoße ich auf Anhieb auf eines davon, und zwar an der Solomou-Straße 38. Es ist einstöckig und nicht sehr tief, mit niedrigen Decken und Ziegeldach, und alle seine Räume gehen nach vorne raus. Das war die typische Bauweise der Vertriebenen. Schließlich stelle ich fest, dass in der Vlachava-, der Nymfaiou- und der Rodou-Straße derartige Bauten die Regel sind.

Bis auf ein einsturzgefährdetes Haus in der

Vlachava-Straße mit traditionellem Schornstein, einem *boru*, wie er hier auf Türkisch genannt wird, sind alle übrigen Gebäude gepflegt und frisch gestrichen. Sollte ein Minister irgendwann diese Häuser der ersten Generation als einen Teil der Geschichte Athens und auch ganz Griechenlands retten wollen, so brauchte er für ihre Renovierung nicht so viel auszugeben wie Melina Merkouri für die Bewahrung der bayerischen Häuser in Thiseio. Denn ihre Bewohner sorgen auf tadellose und vorbildliche Weise für den guten Zustand.

Griechen aus Kleinasien halten also hoch, was sie geschaffen haben, sie pflegen, bewahren und schmücken es. Sie haben hier Wurzeln geschlagen. Alteingesessene Griechen hingegen lassen ihre Wohnviertel verkommen und ziehen dann woandershin, ganz nach dem nomadischen Prinzip. Was man in Nea Filadelfia schon sehen konnte, bestätigt sich in Nea Ionia. Nur Gärten gibt es hier viel weniger.

Was die Vertriebenen mit ihren Häusern machen, gilt auch für ihre Gewohnheiten: Sie bewahren sie. In Nea Ionia sieht man die Nachbarn noch miteinander schwatzen. Die einen sitzen dabei auf gegenüberliegenden Mauervorsprüngen, die anderen plaudern von Fenster zu Fenster und die Älteren Seite an Seite auf den Parkbänken. Das gemeinsame Schicksal verbindet die Menschen bis heute, deshalb sprechen sie noch miteinander. Wenn ich das sehe, denke ich unwillkürlich an meine Großmutter und Frau Sofia, die Schwiegermutter meines Onkels, wie sie auf Chalki (Heybeliada) jeden Nachmittag auf der Eingangstreppe saßen, mit den Nachbarinnen schwatzten und ihre Kommentare über die Passanten abgaben. Diese Gewohnheit, die es sowohl in Istanbul als auch in Athen gab, ist fast überall ausgestorben. Nur in ein paar Grenzdörfern und auf einigen weit abgelegenen Inseln hat sie überlebt. Das hat aber weniger mit der Kultur der Vertriebenen als mit dem Meer zu tun. Auf den Inseln, besonders auf den abgelegenen, leben die Bewohner im Winter fast ohne Kontakt zum Festland. Zu manchen Inseln fahren die Schiffe oder Fähren im Winter nur einmal im Monat. Sogar der Binneninselverkehr wird Anfang Oktober eingestellt.

In der Rodou-Straße stoße ich auf ein altes Haus mit einer Außentreppe, die zu einer nur wenig höher liegenden Terrasse führt. Solche Terrassen waren früher die Klimaanlagen. Dort oben schliefen die Familien in den Sommernächten, um der stickigen Hitze zu entfliehen. »Matratzenlager« nannte man das. Sobald es hell wurde, packten Alt und Jung ihr Bettzeug und gingen wieder ins Haus, diesmal jedoch, um dem grellen Sonnenlicht zu entfliehen und noch etwas länger schlafen zu können.

An der Ecke Rodou- und Makris-Straße finde ich, wonach ich Ausschau gehalten habe und was man nur noch in solchen Vierteln findet: eine kleine, traditionelle Taverne. Wenn sie vormittags nicht geschlossen hätte, würde ich reingehen und fragen, ob man hier noch den guten alten fassgelagerten Retsina serviert. Ein frommer Wunsch in Zeiten, da der Retsina in Flaschen abgefüllt wird und man sich damit den Magen ruiniert…

Ich gehe mit der absurden Hoffnung weiter, doch noch etwas zu finden, was dieser so ausgewogenen Harmonie der Armut zuwiderläuft. *»How shall we find the concord of this discord?«*, fragt Theseus im fünften Akt von Shakespeares *Sommernachtstraum.* Ich suche nach dem Gegenteil: nach dem Missklang im Einklang. Und werde in der Nymfaiou-Straße fündig. Es ist ein einstöckiges Flüchtlingshaus, das dem neugriechischen Hang zur Modernisierung zum Opfer gefallen ist. Irgendjemand hat es in ein antikisierendes Resopalmodell verwandelt. Die moderne Eingangstür hat man mit einer Fototapete der alten Holztür mit ihren schmalen, schmiedeeisernen Fenstern versehen. Daneben hängt ein Schild: S.A.S. Systems of Applied Sales. Das spricht Bände, und jeder Kommentar erübrigt sich.

Sollte ein wissbegieriger Besucher ein Gässchen mit unveränderter Flüchtlingsarchitektur suchen, dann wird er fündig, sobald er von der Solomou- in die Vlachava-Straße biegt, dort, wo an der Ecke ein hypermodernes Gebäude steht, in dessen Erdgeschoss ein italienisches Modegeschäft eingemietet ist. Das Gässchen hat keinen Namen.

Der Charakter des Flüchtlingsviertels steht durchaus nicht im Widerspruch zu der ganz modernen, gutbestückten Einkaufsmeile an der Agiou-Georgiou-Straße. Interessant ist die Verschmelzung und Verknüpfung des Alten mit dem Neuen. Und auch das ist, wie so vieles andere, eine Frage der Kultur.

Das eigentliche Ladenzentrum befindet sich jedoch linkerhand der Stadtbahnstation. Hier gibt es Fußgängerzonen, ein Geschäft reiht sich ans andere, und alles ist aufgelockert von viel Grün. Man könnte meinen, einer der Bürgermeister hätte den alten Charakter des Viertels respektiert und das moderne Einkaufszentrum etwas außerhalb errichtet. Da das Angebot reichhaltig und preisgünstig ist, kommen auch viele Athener aus anderen Gegenden zum Bummeln hierher.

Nea Ionia schafft es sogar, den Irakleiou-Boulevard zu »neutralisieren«. Er taucht nirgendwo auf, nicht einmal in Gestalt von Seitenstraßen. Nea Ionia ist es gelungen, diese unpersönliche Verkehrsader wegzudrängen, ja zum Verschwinden zu bringen. Man muss schon von der Stadtbahnhaltestelle aus die Mikras-Asias-Straße hochgehen und die Kreuzung zur Foteinis-Straße überqueren, um den Irakleiou-Boulevard wieder aufzuspüren. Er ist zwar nicht weit entfernt, doch – zum Glück – dem Blickfeld des Spaziergängers entrückt.

Irakleio

In Irakleio beginnt das letzte, aufwärtsführende Teilstück der Fahrt. Nach oben geht es in zweifacher Hinsicht: zum einen geographisch, zum anderen gesellschaftlich. Diesbezüglich stimmt jede der folgenden Stationen – Irakleio, Maroussi und Kifissia – auf die nächste ein. Denn das mittelständische Irakleio bietet einen Vorgeschmack auf das großbürgerliche Maroussi und dieses wiederum auf das altehrwürdige Kifissia. Die übrigen drei Haltestellen – Eirini, KAT und Neratziotissa – liegen in einem »Niemandsland« und bilden jeweils einen Fremdkörper, der nicht in die Familie der historisch gewachsenen Stadtviertel passen will.

Das Viertel Irakleio sticht durch seine geschichtliche Tiefendimension hervor. Im Gegensatz zu dem aus einer Flüchtlingssiedlung hervorgegangenen Nea Ionia oder zu Perissos, das fast aus dem Nichts entstand, reichen die Wurzeln dieses Stadtteils bis in die Antike zurück: Er wird zum ersten Mal im Jahr 508 v. Chr. erwähnt. Wenn aber ein Besucher heute nach den Spuren der antiken Stadtgemeinde sucht, die ursprünglich Iphistia und später Hephaistia hieß, wird er, so fürchte ich, nichts finden. Die moderne Gemeinde Irakleio wurde jedenfalls drei Jahre nach Nea Ionia, im Jahr 1925, gegründet.

Ich weiß nicht, ob »Hephaistia« etwas mit dem antiken Feuergott Hephaistos zu tun hat, doch es gäbe schon eine Verbindung: Die Haupteinnahmequelle dieser Gegend in moderner Zeit bildete der 1938 einsetzende Braunkohletagebau. Die Förderstätten kamen den deutschen Besatzungstruppen Anfang der vierziger Jahre sehr gelegen. Erst überließen sie die Bewirtschaftung den Italienern, dann übernahmen sie selbst das Ruder. Das kam den Einwohnern von Irakleio zupass, da die Deutschen einen großen Braunkohlebedarf hatten und mit einer öffentlichen Ausspeisung dafür sorgten, dass die Kumpel satt wurden und leistungsfähig blieben. Der Braunkohleabbau wurde 1957 auf Betreiben der Anwohner und der Gemeinde eingestellt.

Heute bildet Irakleio – so wie Chalandri, Cholargos oder Agia Paraskevi – ein klassisches Mittelschicht-Viertel und vielleicht sogar das einzige klassische Mittelschicht-Viertel auf der ganzen Stadtbahnstrecke, mehr noch als Kallithea. Wie auch in anderen solchen Bezirken leben in Irakleio Unternehmer, mittlere Führungskräfte, Ärzte (aber keine Kapazitäten) und Rechtsanwälte (aber keine großen Namen). Diese Wohlanständigkeit ist im Viertel durchwegs spürbar und hat nicht nur mit dem offensichtlichen Wohlstand seiner Bewohner zu tun, sondern vor allem mit dem Schönheitssinn, der damit einhergeht. Der Grundbaustein ist zwar auch in diesem Stadtteil die *polykatoikia* – Ein- und Zweifamilienhäuser bleiben die Ausnahme –, doch trifft man hier keine hässlichen Ungetüme à la Irakleiou-Boulevard oder Kato Patisia an. Die Wohnblöcke sind geschmackvoll hergerichtet und die Balkone hübsch bepflanzt. Selbst wenn man kein Freund der klassischen Betonbauweise ist, so beleidigen zumindest die Exemplare in Irakleio das Auge weit weniger als anderswo und halten sich, ästhetisch relativ unaufdringlich, im Hintergrund.

Das Zentrum von Irakleio, das sich beiderseits der Stadtbahnstation erstreckt, weist so viele Cafés auf wie die Fokionos-Negri-Straße in meinem Wohnviertel, wo ich morgens um neun Uhr bereits

Leute jeden Alters mit einem Kaffee-Frappee oder einem Cappuccino sitzen sehe. Jedes Mal stelle ich mir die Frage, ob der Café-Besuch vor der Arbeit stattfindet oder ob die Leute, die dort sitzen, Müßiggänger oder Arbeitslose sind – Letzteres, von der Kleidung her zu schließen, wohl kaum. In Irakleio bietet sich, anders als in Nea Ionia, Nea Filadelfia oder Tavros, das gleiche Bild wie in Kypseli.

Der größte Unterschied zwischen Irakleio und den anderen Mittelschicht-Vierteln besteht in seinen Gärten. Nur wenige Stadtteile haben so viele Grünflächen. Sobald der Zug Nea Ionia hinter sich lässt und parallel zur Marinou-Antypa-Straße mitten durch ein Wäldchen fährt, beginnt ein dichtbewachsenes Naturgelände, das sich auch nach der Haltestelle beiderseits der Trasse fortsetzt. Vermutlich stören aus diesem Grund die Wohnblöcke hier weniger. Sie bleiben hinter den Bäumen verborgen, die dem Viertel einen friedlichen Charme verleihen.

Andererseits hat Irakleio denselben Nachteil wie alle anderen Mittelschicht-Viertel: Es ist in so eintöniger Weise geschmackvoll, so frei von Widersprüchen und Gegensätzen, dass die aufkeimende Neugier des Betrachters erstirbt. Das ist der Punkt, der mich an diesem Viertel abstößt und mir Kypseli, wo ich wohne, viel reizvoller erscheinen lässt.

Eirini

Die Haltestelle Eirini ist wie Neratziotissa und KAT eine Stadtbahnstation, die geschichts- und gesichtslos bleiben wird, da sie kein Wohnviertel, sondern eine bestimmte Institution oder Stätte verkehrstechnisch bedient. Die Station wurde am 3. September 1982 eingeweiht, fünf Tage vor dem Beginn der 13. Leichtathletik-Europameisterschaft, für welche das Olympische Sportzentrum Athen gebaut worden war. Die Haltestelle wurde zum Zwecke der Verkehrsanbindung des OAKA, wie das Stadion genannt wird, und für die sportbegeisterten Besucher eingerichtet.Hinter dem Namen steckt diesmal eine politische Absichtserklärung. 1982 wurden eine ganze Menge ähnlich klingender Stätten eingeweiht. Denn ein Jahr vor der Eröffnung des OAKA hatte die PASOK-Partei ihre lange Regierungszeit begonnen. Es war gerade die Phase, in der sie sich als »griechische Baath-Partei« zu profilieren suchte. Daher verteilte sie – wie es die arabischen Baath-Parteien mit den Etiketten »Einheit«, »Freiheit«, »Sozialismus« taten – munter die Bezeichnungen »Frieden« *(eirini)* und »Freundschaft« *(filia),* wo immer sie konnte. Ein Beispiel dafür haben wir schon kennengelernt, und zwar das Stadion für Frieden und Freundschaft in Neo Faliro.

Die Station Eirini erlebte ihre besten Tage während der Olympiade 2004, als massenweise Leute ein- und ausstiegen. Bei normalem Verkehrsaufkommen wird diese Haltestelle von viel weniger Personen genutzt als die anderen. Diese teilen sich in drei Kategorien: Da sind erstens die Pendler, die ihre Autos am Bahnhof abstellen und mit der Stadtbahn weiterfahren. Dafür ist der Bahnhof auch prädestiniert, da für die Bedürfnisse des OAKA ein riesiger Parkplatz zur Verfügung steht. Allerdings sind die automobilisierten Fahrgäste, die sich von ihrem besten Stück trennen und die Reise in der Stadtbahn fortsetzen, in Athen eine rare Spezies. Dann gibt es die Fans, die zum Sportplatz fahren, um ein Fußballspiel von Panathinaikos Athen oder AEK oder ein Basketballspiel von Panathinaikos zu verfolgen. Diese Gattung umfasst eine große Menge von Personen, die jedoch nur zu bestimmten Zeiten und an bestimmten Tagen die Stadtbahn benutzen. Und schließlich gibt es den Stadtbahnreisenden, der das Schmuckstück des OAKA, das durch den spanischen Architekten Santiago Calatrava für die Olympiade 2004 überdachte Stadion, bewundern möchte. Doch ihre Zahl ist begrenzt und wird von Tag zu Tag geringer.

Neratziotissa

Der Bahnhof Neratziotissa ist der jüngste Stadtbahnhalt. Er wurde am 2. August 2004, etwa zwei Wochen vor Beginn der Olympischen Spiele, eröffnet.

Eigentlich ist er eher ein Umsteigebahnhof als eine normale Station. Hier kreuzen sich die Trassen der Stadtbahn, der U-Bahn und der Vorortbahn. Die letzten beiden fahren bis zum Flughafen weiter, wohingegen die Stadtbahn nur bis nach Kifissia reicht. Neratziotissa ist ein großer, unpersönlicher und ein wenig verwirrender Bahnhof, der auf drei Ebenen liegt.

Die Haltestelle und ihr unmittelbares Umfeld sind bar jeder Anziehungskraft. Die meisten Fahrgäste wechseln hier bloß den Zug. Und alle, die den Bahnhof verlassen, kennen nur ein Ziel: »The Mall«, ein großes Einkaufszentrum mit den üblichen Klamotten und Schuhen. Essen gibt's auch, bei Goody's oder McDonald's.

Ein unvergesslicher Freund, ein Universitätsprofessor, sagte einmal zu mir: »Ganz Athen geht samstags Schuhe shoppen.« Und ein bekannter griechischer Kabarettist drückte es so aus: »Komm, wir gehen Senf shoppen im Supermarkt.« Alle beide erfassen den Kern der Athener Mentalität: Abhängen, Bummeln, Konsumieren – Shoppen ist das Größte.

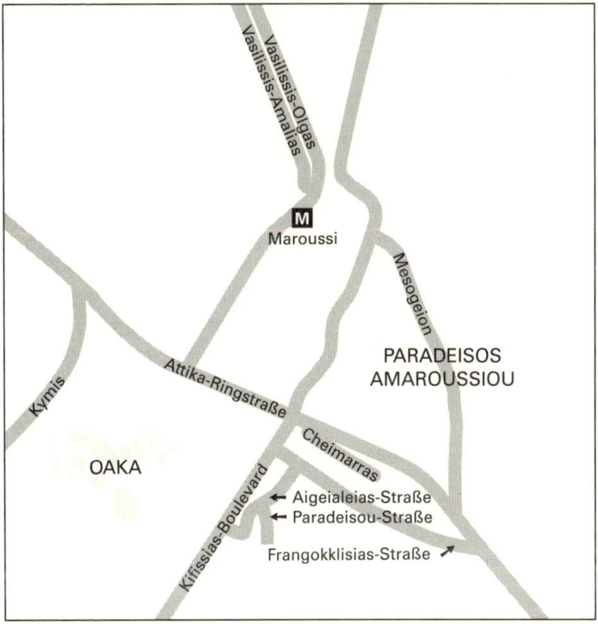

Maroussi

Die hübsche historische Bezeichnung dieses Wohnviertels lautet Amaroussion. Die Form Maroussi fällt unter die geschmacklosen Modernisierungsbestrebungen Griechenlands, die bei der urbanen Architektur anfangen und bis zur Bezeichnung von Orten, Dingen und Personen gehen. Es ist, als spräche man eine Frau, die auf den seltenen antiken Vornamen Charikleia hört, mit der Verkleinerungsform Chari an, die sie mit unzähligen anderen Griechinnen teilt.

Die Geschichte von Maroussi reicht, ähnlich wie die von Irakleio, bis in die Antike zurück. Beide gehören zu den zwölf von König Kekrops gegründeten Stadtgemeinden, die zum Schutz der antiken Stadt Athen vor den Einfällen der Barbaren errichtet wurden. Nach Piräus bildet Maroussi heute den zweitgrößten an der Stadtbahn liegenden Bezirk Athens. Er liegt zwischen dem Kymis-Boulevard, dem Kifissias-Boulevard, der Frangokklisias-Straße und der neuen Attika-Ringstraße. Dem Kifissias-Boulevard entlang erstreckt sich das Gebiet Paradeisos Amaroussiou, welches im Süden bis Chalandri und im Norden bis Kifissia reicht.

Die Gegend ist reich und fruchtbar und verfügt über die vielleicht größte »grüne Lunge« Athens, den Wald von Syngrou. Trotz der Anziehungskraft, die Maroussi ausstrahlte, zählte die Gegend nach der Ernennung Athens zur griechischen Hauptstadt ganze 320 Seelen. Als das Gebiet im Jahr 1925, wie auch Irakleio, zur Teilgemeinde erklärt wurde, war die Einwohnerzahl bereits auf 4000 geklettert.

Obwohl Maroussi ein riesiges Gebiet umfasst, stand es stets im Schatten von Kifissia. Und das hat damit zu tun, dass das griechische Königshaus

Kifissia den Vorzug gab, weshalb dieser Vorort nach und nach zum inoffiziellen politischen Machtzentrum wurde.

Doch die Einzelheiten heben wir uns besser für die letzte Station unserer Reise auf. Man kann sich die Struktur dieser beiden Vorstädte durchaus als ein Zusammenspiel verschiedener Zirkel vorstellen. Den einen Zirkel bildeten der König und sein Hofstaat, die in Tatoi, etwa fünfzehn Kilometer außerhalb von Kifissia, residierten. Der zweite Zirkel umfasste den erweiterten Hofstaat: Politiker und Fabrikherren. In Maroussi entstand mit den Jahren ein dritter Zirkel, der aus einer Elite von Unternehmern, später auch Ärzten, Ingenieuren und Managern bestand, deren Verhältnis zum Zirkel von Kifissia nicht auf einer kontinuierlich gewachsenen Bindung an die Macht beruhte, sondern auf einem ganz spezifisch erwirkten Zugang zur Machtelite: Mithilfe der finanziellen Unterstützung einzelner Politiker und ihrer Wahlkämpfe, später mittels Parteispenden, schuf man sich gute Beziehungen.

Der PASOK-Gründer und damalige Premierminister Andreas Papandreou hat kurz nach seiner erstmaligen Machtübernahme im Jahr 1981 diese Neureichenzirkel einmal »die neuen Machtdynastien« genannt. Ein sehr ambivalenter Begriff. Einerseits verwies Papandreou damit darauf, dass es einen neuen, dynamischen und produktiven Teil der Gesellschaft gab, der – im Vergleich zum alten, traditionsverhafteten und konservativen Establishment – offen und fortschrittlich war. Andererseits verriet er damit, dass die »neuen Machtdynastien« zu der neuen, an der Macht befindlichen Partei in einem unmittelbaren Abhängigkeitsverhältnis standen.

Anhand der Schulen lässt sich der Unterschied gut verdeutlichen. Alle neuen Privatlyzeen für die Sprösslinge dieser »neuen Machtdynastien« haben sich in Maroussi niedergelassen. Die traditionellen Privatlyzeen wie das Athen-Kolleg oder das Arsakeio saßen hingegen in Palaio Psychiko, einem traditionellen Reichenviertel.

Diese Atmosphäre des Viertels wird sofort spürbar, wenn man den auf einem Viadukt liegenden Bahnhof verlässt, der von zwei nach griechischen Königinnen benannten Straßen flankiert wird: der Vasilissis-Amalias und der Vasilissis-Olgas. Hier, im großbürgerlichen Teil, der sich bis zum Kifissias-Boulevard erstreckt, liegen das Einkaufsviertel mit den teuren Geschäften, die anspruchsvollen Wohnblöcke, aber auch die luxuriösen Firmensitze großer Unternehmen.

Der Lebensstandard unterscheidet sich kaum von dem anderer europäischer Reichenviertel, doch die *polykatoikies* sehen gleich aus wie überall sonst in Athen. Das Vermögen beeinflusst hier zwar die Zahlungskraft der Wohnblockbewohner, doch lässt sich das von außen nicht erkennen.

Paradeisos Amaroussiou hingegen, der rechterhand des Kifissias-Boulevards gelegene Teil, war bis vor kurzem vollkommen anders. Dort standen Häuser, wie man sie eher auf dem Land erwartet hätte, mit nur ein oder zwei Stockwerken und dazugehörigen Gärten.

Die in den letzten zwanzig Jahren eingetretene Veränderung der Gegend hat weniger mit den Privathaushalten als mit den Firmen zu tun. Denn eine große Zahl von Unternehmenssitzen ist vom Athener Zentrum an die Peripherie abgewandert. In der Aigialeias-, Cheimarras- und Paradeisou-Straße, die quer durch diesen »ländlichen Bezirk« führen, ragen mittlerweile Bürotürme und Einkaufszentren in den Himmel.

Dieser neue Look verbreitet sich in Paradeisos mit rasanter Geschwindigkeit und hat ganz Maroussi in eine autonome Stadt innerhalb der Grenzen Athens verwandelt. Tatsächlich besuchen die Bewohner von Maroussi nur mehr selten das Athener Zentrum. Sie leben ihr eigenes Leben und fühlen sich mit den Bewohnern von Kifissia weit eher verbunden als mit dem Rest der Stadt.

KAT

Dieser Stadtbahnhalt ist gewissermaßen eine »Krankenstation«. Sobald man aus dem Bahnhof tritt, sieht man den riesigen Hospitalkomplex KAT vor sich, der sich auf die Bereiche Orthopädie und Unfallchirurgie spezialisiert hat. Die Klinik war ursprünglich als allgemeines Krankenhaus geplant gewesen, doch dank ihrer hervorragenden Ausstattung und ihrer Nähe zum Olympischen Sportzentrum entwickelte sie sich zu einer Klinik für Sportmedizin. Wenn ich mich nicht täusche, ist das KAT überdies das einzige öffentliche Krankenhaus in der Nähe der Stadtbahnlinie.

Dieses Krankenhaus weckt traurige Erinnerungen in mir, da meine Mutter dort an Herzschwäche verstorben ist. Ich bitte um Nachsicht für diese persönliche Bemerkung, aber ich kann hier nicht vorbeigehen, ohne kurz innezuhalten.

Auf der Strecke zwischen Maroussi und KAT bzw. zwischen KAT und Kifissia bietet sich dem Fahrgast ein Bild dichter Besiedlung. Doch das vermag nicht darüber hinwegzutäuschen, dass es sich bei der Station KAT um kein eigenes Stadtviertel, sondern nur um ein einzelnes Krankenhaus handelt. Im Übrigen dient die Station als Scharnier zwischen Maroussi und Kifissia. Die Gegend zwischen Maroussi und KAT wirkt wie die Erweiterung des Maroussi-Viertels, und nach dem kurzen Zwischenhalt beginnt bereits die Einstimmung auf Kifissia – ein Viertel, das mit keiner der bislang von der Stadtbahn gestreiften Gegenden vergleichbar ist. Wenn der Passagier am Endbahnhof Kifissia aussteigt, wird er den Unterschied sofort bemerken.

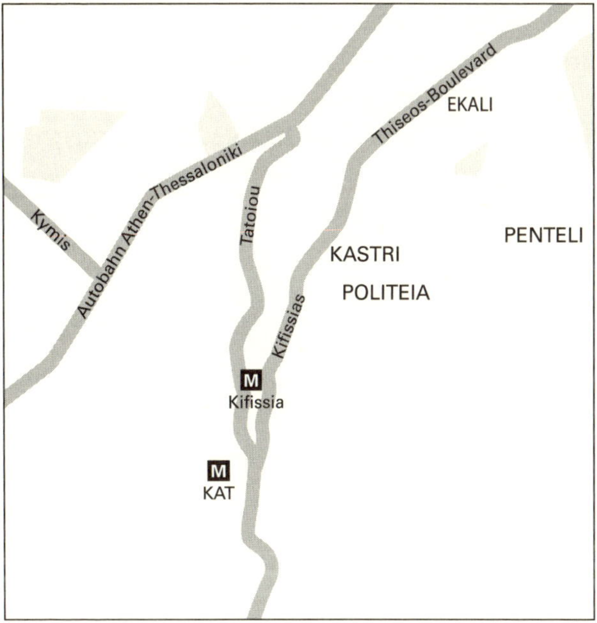

Kifissia

Nun sind wir am Ende der Strecke und in dem Vorort angelangt, der das politische, gesellschaftliche und wirtschaftliche Leben des modernen Griechenland von 1870 bis heute entscheidend geprägt hat. Kein anderes Viertel hatte solch einen Einfluss und solch ein – positives wie auch negatives – Renommee.

Wie Irakleio und Maroussi gehörte auch Kifissia seit Kleisthenes zu den antiken attischen Stadtgemeinden und seit 1925, demselben Jahr wie auch Irakleio und Maroussi, zu den Gemeinden des Distrikts Attika. Doch damit enden die Gemeinsamkeiten mit den vorangegangenen Stationen auch schon.

Der große Entwicklungssprung des Viertels erfolgte 1880. Viele behaupten, die Grundlage dafür sei die Bahnanbindung von Kifissia ans Zentrum von Athen durch das berühmte »Ungetüm« gewesen. Das ist aber gewiss nicht der einzige Grund. Denn sicherlich hat auch König Georgios I. 1872 durch den Kauf der Liegenschaft, auf der sich heute Tatoi befindet, dazu beigetragen. Es handelt sich dabei um ein Landgut aus osmanischer Zeit, das nur drei Kilometer von Kifissia entfernt war. Georgios I. gestaltete das Anwesen von Grund auf neu und ließ einen Wald mit Pflanzenarten aus dem gesamten Mittelmeerraum anlegen.

Nun könnte man sich fragen, wieso ein griechischer König, der in Athen residierte, das Waldgebiet von Tatoi dem Meer vorzog, das doch von Athen aus so leicht erreichbar und für das Geschick des Landes von großer Bedeutung ist.

Da der König ein Däne war, war seine Vorliebe für den Wald nicht allzu verständlich. Wenn zumindest ein See in der Nähe gelegen hätte, dann wäre seine Wahl halbwegs nachvollziehbar. Aber Kifissia ist vom Meer weit entfernt und hat nicht einmal einen fernen Blick aufs Meer. Georgios' ursprünglicher Plan war, Tatoi in das erste städtische Naherholungsgebiet Griechenlands zu verwandeln. Daher war auch das zunächst 1874 errichtete Gebäude kein Schloss, sondern ein zweistöckiger Bau. Erst zehn Jahre später, 1884, begann man mit dem Bau des Schlosses, wobei man sich am Peterhof bei St. Petersburg orientierte. Selbst ein königlicher Friedhof wurde angelegt.

Wie schon erwähnt, war die Bürgerschicht, die Athen als dritte Migrationswelle nach der Ernennung zur Hauptstadt erreichte, vom Königshof importiert und auch von ihm abhängig, so dass sie ihm überallhin auf dem Fuße folgte. Als der König in das Schloss an der Irodoutou-Attikou-Straße übersiedelte, zogen die Politiker und Großbürger um nach Kolonaki. Und als Georgios I. Tatoi zur Sommerresidenz kürte, verbrachten die Politiker und Großbürger den Sommer in Kifissia.

Die ersten Sommerfrischler, die sich von Kifissia bezaubern ließen, waren reiche Kaufleute aus Chios, Alexandria und Istanbul, die alle an der Meeresküste aufgewachsen waren. Solche Leute fühlen sich in den seltensten Fällen im Landesinneren zu Hause, doch nun hatten sie alle plötzlich eine Schwäche für das Reich der Wälder. Was sonst als die Anwesenheit des »Gebieters«, wie sich die Könige anmaßend nannten, bewirkte wohl diesen Umschwung? Die politische und großbürgerliche Klasse versammelte sich von nun an jeden Sommer in Kifissia, und Tatoi war der Dreh- und Angelpunkt einer Welt, die von Unterwürfigkeit und Hörigkeit geprägt war.

Ein paar Beispiele mögen genügen: Die Familie Papandreou, der größte griechische Politikerclan der Nachkriegszeit, lebt seit drei Generationen nur einen Katzensprung vom Schloss in Tatoi entfernt: in Kastri, wo sich der Großvater Georgios, der Begründer der Politikerdynastie, niedergelassen hat. Als dieser es im Jahr 1965 wagte, sich dem König zu widersetzen, musste er innerhalb weniger Wochen den Sessel des Premierministers räumen.

Auch der Diktator Ioannis Metaxas lebte in Kifissia. Hier stellte ihm der italienische Botschafter Emmanuele Grazzi im Morgengrauen des 28. Oktober 1940 ein Ultimatum zur Kapitulation Griechenlands, das Metaxas zurückwies. Und der erste Premierminister nach dem Fall der Junta und spätere Staatspräsident Konstantinos Karamanlis wohnte in Politeia, etwas außerhalb des Zentrums von Kifissia und nur ein paar Kilometer vom Haus der Familie

Papandreou in Kastri entfernt. Die beiden konkurrierenden Politikerclans, die seit dem Zweiten Weltkrieg die Geschicke Griechenlands lenken, leben also kaum einen Steinwurf voneinander entfernt. Karamanlis war es schließlich zu verdanken, dass der Konflikt mit dem Thron friedlich beigelegt und die Monarchie im Jahr 1974 durch eine Volksabstimmung abgeschafft wurde.

Die subalterne Haltung der Politiker und Unternehmer dem Thron gegenüber hatte die Entstehung der diskreten Kifissia-Society ermöglicht, die eine getreue Kopie der damaligen Kolonaki-Society war.

Viele der alten Häuser von Kifissia können keiner der beiden architektonischen Schulen des neueren Griechenland zugeordnet werden: Weder gleichen sie den Häusern der Plaka, noch sind sie neoklassizistisch geprägt. Sie entsprechen mehr dem Stil des zweistöckigen Landhauses, das Georgios I. 1872 in Tatoi errichten ließ. Hier kann man auch die, soweit ich weiß, einzigen Holzhäuser in ganz Attika finden. Im Gegensatz zur Türkei, wo es z.B. am Bosporusufer herrliche Villen aus Holz gibt, herrschen in Griechenland die Stein- und Zementbauweise vor. Die Bewohner von Kifissia hingegen wollten etwas Extravaganteres und bauten sich eine Art Alpenchalets.

Die Kifissia-Society ist bis heute eine geschlossene Gesellschaft geblieben. Zwar entwickelte sich neben Kifissia – als Vorort des Edelvorortes – das Viertel Ekali, doch haftet diesem der Beigeschmack des Neureichen an.

Ein Großteil der Altstadt von Kifissia ist erhalten geblieben. Je weiter man ins Zentrum vordringt, desto zahlreicher werden Landhäuser mit gepflegten Gartenanlagen, die oftmals aus der ersten oder zweiten Generation der hier ansässigen Familien stammen.

Wenn man heute durch das Zentrum von Kifissia schlendert, ist kaum etwas davon zu spüren, dass hier der Sitz der Macht lag, von dem aus über das Geschick Griechenlands bestimmt wurde. Es dominiert der Eindruck einer edlen Wohngegend für reiche Leute, denen von Kleidung und Schuhen bis zu Innenausstattung und Stereoanlagen das Teuerste, was der internationale Markt zu bieten hat, gerade gut genug ist. Die Geschäfte sind die gleichen wie an den teuren Adressen in Paris, Rom oder München, die Einkaufszentren sind austauschbar, und auch die Cafés ähneln einander wie ein Ei dem anderen. Das wirkliche Kifissia liegt hinter diesem pompösen, jedoch in all seiner Wohlhabenheit nichtssagenden Zentrum verborgen.

In diesem Viertel gibt es zwei Traditionslokale.

Das eine ist das Varsos, die älteste Konditorei von Kifissia. Sie ist aus zweierlei Gründen ein Traditionslokal: zum einen, weil ganz Athen nach Kifissia fuhr, um Eis oder Süßspeisen bei Varsos zu genießen – das war der klassische Sonntagnachmittag-Ausflug der Athener, wenn sie sich mal etwas »gönnen« wollten –, zum anderen, weil der Inhaber, wie es früher in solchen Betrieben durchaus üblich war, selbst Ziegen, Schafe und Kühe hielt, um die Leckereien mit Milch aus eigener Produktion herzustellen.

Das zweite Lokal, das in Kifissia Geschichte geschrieben hat, ist das ein wenig außerhalb, in Varybombi, gelegene Restaurant Leonidas. Das Leonidas wurde dadurch bekannt, dass dort jeden Sonntag Premierminister Konstantinos Karamanlis der Ältere (1907–1998) mit einer Gruppe von Freunden zu Mittag aß, unter ihnen der Komponist Manos Chatzidakis, der Schauspieler und Regisseur Alexis Minotis und sein Schauspielerkollege Dimitris Horn. Ich will nicht behaupten, das Essen im Leonidas sei schlecht gewesen, doch meiner Ansicht nach wurden die Sonntagsausflügler mehr noch als von der Qualität der Speisen von dem Wunsch angezogen, einen Blick auf diese Gruppe zu werfen.

Den Gourmet zieht es eher in jene kleine, zwischen Betonblöcken eingekeilte Taverne namens

Kivotos. Dabei handelt es sich um ein altes Haus mit Patio, das einer vierköpfigen Familie gehört: Vater, Mutter und zwei Söhnen. Von außen gesehen ist es ein eher unauffälliges Lokal, doch es bietet hervorragendes Essen.

Hier, sehr geehrte Fahrgäste, sind wir am Endpunkt unserer Fahrt angelangt. Bitte alles aussteigen!

Anmerkung zu Transkription und Aussprache

Die Transkription griechischer Buchstaben erfolgt nach den ISO-Richtlinien.

Aussprache:

ai	offenes »e«, wie Kerze
ch	ch wie in »mich« vor e, i; ch wie in »Dach« vor a, o, u und Konsonanten
d	wie englisches stimmhaftes »th«
ei	i
g	j vor e, i; gutturales »g« (wie Zäpfchen-r) vor a, o, u und Konsonanten
gk	g bzw. ng
oi	i
ou	u
s	scharfes »s«, wie Wasser
th	wie englisches stimmloses »th«
z	stimmhaftes »s«, wie Vase

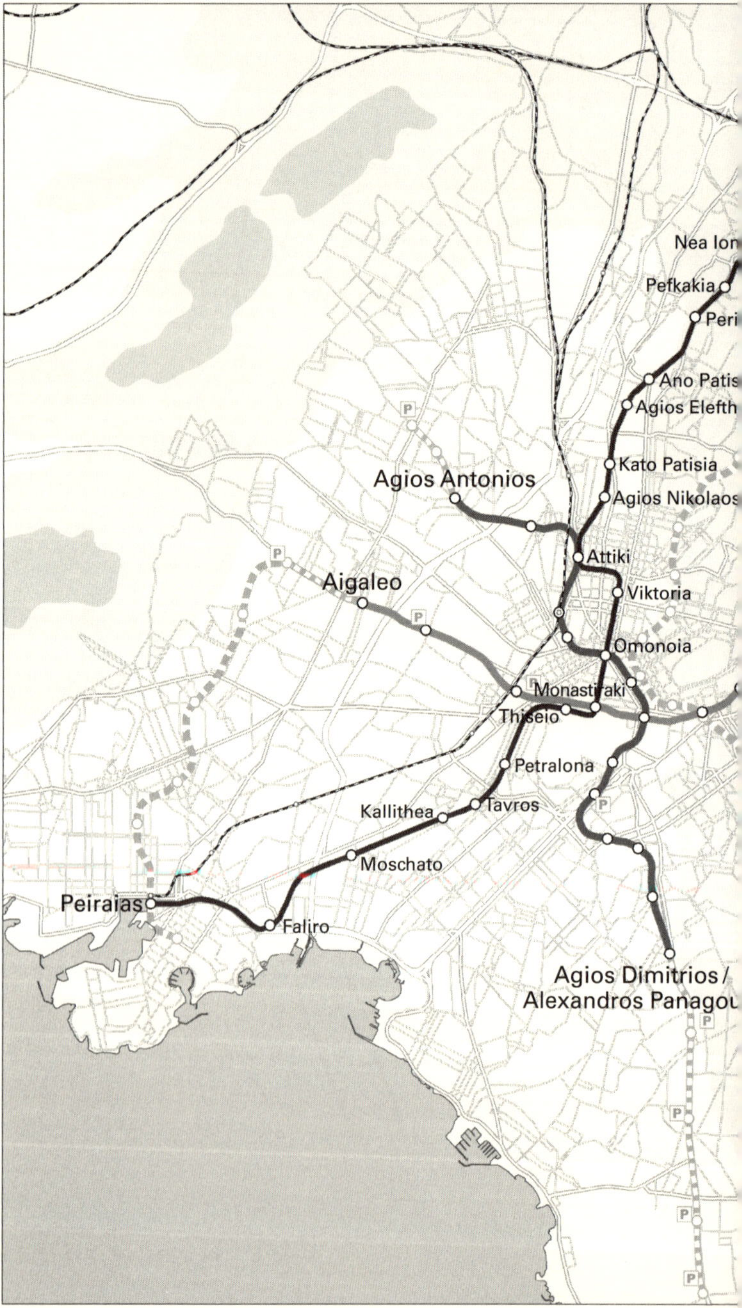
Nea Ion
Pefkakia
Peri
Ano Patis
Agios Elefth
Kato Patisia
Agios Antonios
Agios Nikolaos
Attiki
Aigaleo
Viktoria
Omonoia
Monastiraki
Thiseio
Petralona
Kallithea
Tavros
Moschato
Peiraias
Faliro
Agios Dimitrios /
Alexandros Panagou
P

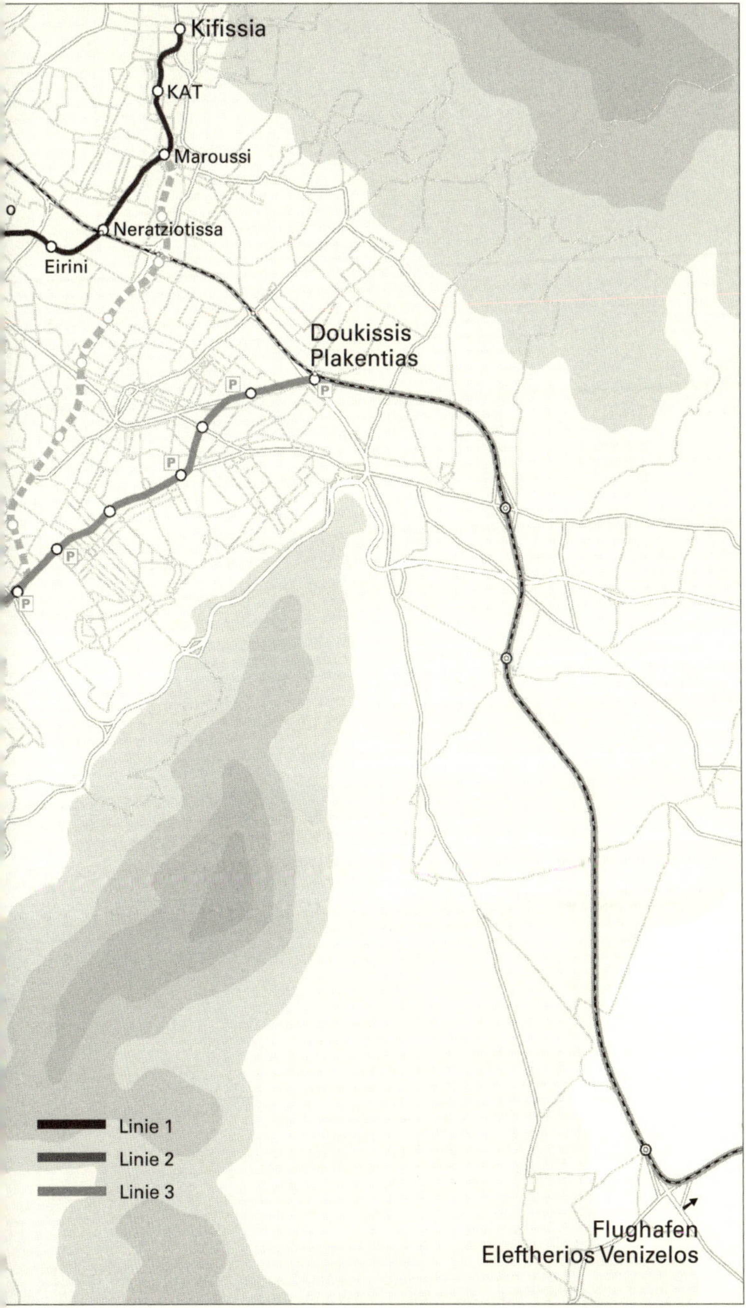

Kifissia
KAT
Maroussi
o
Neratziotissa
Eirini
Doukissis Plakentias
P
Linie 1
Linie 2
Linie 3
Flughafen Eleftherios Venizelos

Petros Markaris im Diogenes Verlag

Hellas Channel

Ein Fall für Kostas Charitos

Roman. Aus dem Neugriechischen von Michaela Prinzinger

Er liebt es, Souflaki aus der Tüte zu essen, dabei im Wörterbuch zu blättern und sich die neuesten Amerikanismen einzuverleiben. Seine Arbeit bei der Athener Polizei dagegen ist kein Honigschlecken. Besonders schlecht ist Kostas Charitos auf die Journalisten zu sprechen, und ausgerechnet auf sie muss er sich einlassen, denn Janna Karajorgi, eine Reporterin für *Hellas Channel*, wurde ermordet. Wer hatte Angst vor ihren Enthüllungen? Um diesen Mord ranken sich die wildesten Spekulationen, die Kostas Charitos' Ermittlungen nicht eben einfach machen. Aber es gelingt ihm, er selbst zu bleiben – ein hitziger, unbestechlicher Einzelgänger, ein Nostalgiker im modernen Athen.

»Eine Entdeckung! Mit Kommissar Charitos ist eine Figur ins literarische Leben getreten, der man ein langes Wirken wünschen möchte.«
Hans W. Korfmann/Frankfurter Rundschau

Nachtfalter

Ein Fall für Kostas Charitos

Roman. Deutsch von Michaela Prinzinger

Kommissar Charitos ist krank. Eigentlich sollte er sich ausruhen und von seiner Frau verwöhnen lassen. Doch so etwas tut ein wahrer Bulle nicht. Eher steckt er bei Hitze und Smog im Stau, stopft sich mit Tabletten voll und jagt im Schritttempo eine Gruppe von Verbrechern, die die halbe Halbwelt Athens in ihrer Gewalt hat.

Charitos nimmt den Leser mit durch die Nachtlokale, die Bauruinen und die Müllberge von Athen. Keine Akropolis, keine weißen Rosen weit und breit.

»Mit Witz, Charme und Ironie erzählt Markaris eine reizvolle, geschickt verwobene Kriminalgeschichte mit überaus lebensnahen Figuren.«
Christina Zink/Frankfurter Allgemeine Zeitung

Live!

Ein Fall für Kostas Charitos

Roman. Deutsch von Michaela Prinzinger

Ein in ganz Griechenland bekannter Bauunternehmer, dessen Geschäfte olympiabedingt florieren, zückt mitten in einem Interview eine Pistole und erschießt sich vor laufender Kamera. Natürlich ruft ein solch spektakulärer Abgang Kostas Charitos auf den Plan. Seine Ermittlungen führen ihn zu den Baustellen des Olympischen Dorfs, zu den modernen Firmen hinter Fassaden aus Glas und Stahl, zu den Reihenhäuschen der Vororte, wo die Bewohner noch richtigen griechischen Kaffee kochen und Bougainvillea im Vorgärtchen blüht. Mit der ihm eigenen Bedächtigkeit irrt Kostas Charitos durch das Labyrinth des modernen Athen, unter der prallen Sonne – und dem Schatten der Vergangenheit.

»*Live!* ist ein Krimi, ein Geschichtsbuch, ein Migrantenroman, die Geschichte einer Ehe und ein Reiseführer durch Athen.« *Avantario Vito/ Financial Times Deutschland, Hamburg*

Balkan Blues

Geschichten. Deutsch von
Michaela Prinzinger

›Go to Hellas!‹ – neun Geschichten über Athen. Die Fußballeuropameisterschaft ist gewonnen, die Olympiade steht an. Mit neuerwachtem Patriotismus feiern die Griechen ihre Feste, derweil die Einwanderer aus Albanien, Bulgarien und Russland sich durchs Leben schlagen, so gut es eben geht. Auch im Einsatz: Kommissar Charitos.

»*Balkan Blues* erzählt keine traurigen Geschichten, sondern mit feinem Witz und hohem Tempo von der anhaltenden Trauer einer Stadt.«
Neue Zürcher Zeitung

»Petros Markaris erweist sich als kluger und scharfsichtiger Beobachter der modernen griechischen Gesellschaft und ihrer zahlreichen östlichen Einwanderer. Er folgt ihren Geschichten voller Empathie, aber doch ganz ohne falsches Mitleid.«
Brigitte, Hamburg

Der Großaktionär

Ein Fall für Kostas Charitos

Roman. Deutsch von Michaela Prinzinger

Der Traum von einer gerechteren Welt – in seinem Namen wird Gutes getan, aber auch getötet und Gewalt ausgeübt. Dies bekommt Katerina zu spüren, als sie in die Hände von Terroristen fällt. Ihr Vater Kostas Charitos dreht fast durch. Er, der Kommissar, muss jetzt stillhalten, Geduld haben, Nerven beweisen. Ein Roman über Terror und Gewalt. Und über eine Familie, die damit umgehen muss.

»Mit Witz und Biss erzählt Markaris von einem modernen Griechenland, in dem die Vergangenheit unter der Junta leider noch immer lebendig ist.«
Buchkultur, Wien

»Markaris gelingt etwas Erstaunliches: Speziell griechische Chancen, Wunden und Sünden vereint er mit internationalem Wiedererkennungseffekt.«
Frankfurter Allgemeine Zeitung

Wiederholungstäter

Ein Leben zwischen Istanbul, Wien und Athen

Deutsch von Michaela Prinzinger

Petros Markaris über seine Liebe zu Istanbul, seine Hassliebe zu Athen und seine besondere Beziehung zur deutschen Kultur. Der Autor erzählt von seiner Kindheit, seinem Alltag heute, von der Zusammenarbeit mit Theo Angelopoulos und seiner Tätigkeit als Brecht- und Goethe-Übersetzer. Dabei beschränkt er sich nicht aufs Autobiographische: Wenn er von der griechischen Gemeinschaft in Istanbul schreibt, so ist ihm das einen Exkurs zum Thema »Minderheiten« wert. Spricht er von seinen armenischen Wurzeln, geht es bald um »Heimat«. Schildert er die Entstehung seiner Figuren Kostas und Adriani, so greift er die Themen »Gleichberechtigung« und »politische Korrektheit« auf. Autobiographisches, Historisches und Politisches vermischen sich dabei auf brillante und liebenswürdige Weise.

»Petros Markaris gilt als einer der vielseitigsten und erfolgreichsten Autoren Griechenlands.«
Günter Keil / Süddeutsche Zeitung, München

Die Kinderfrau

Ein Fall für Kostas Charitos

Roman. Deutsch von Michaela Prinzinger

Was in Istanbul geschah, ist nun viele Jahrzehnte her. Und doch findet die neunzigjährige Kinderfrau keine Ruhe – sie hat noch alte Rechnungen zu begleichen. Kommissar Charitos folgt ihren Spuren: Sie führen nach ›Konstantinopel‹, in eine Vergangenheit mit zwei Gesichtern – einem schönen und einem hässlichen.

»In seinem Kriminalroman *Die Kinderfrau* wendet sich Petros Markaris der heiklen griechisch-türki-

schen Vergangenheit zu. Als Istanbuler Grieche armenischer Abstammung beschreibt der Kosmopolit dabei ein Stück seiner eigenen Geschichte.«
Geneviève Lüscher / NZZ am Sonntag, Zürich

Auch als Diogenes Hörbuch erschienen, gelesen von Tommi Piper

Faule Kredite

Ein Fall für Kostas Charitos

Roman. Deutsch von Michaela Prinzinger

Die Krise legt Griechenland lahm. Doch in der Finanzwelt herrscht höchste Alarmstufe. Mehrere Banker wurden innerhalb weniger Tage brutal ermordet. Und ganz Athen ist seit neustem mit Plakaten tapeziert, auf welchen die Bürger zur Verweigerung der Rückzahlung von Krediten aufgefordert werden.
Die Krise mit ihren Auswüchsen beschert Kostas Charitos und der Athener Polizei mehr Hektik denn je zuvor. Und auch privat wird es nicht einfacher: Gerade haben Kostas und Adriani noch die Hochzeit ihrer einzigen Tochter Katerina ausgerichtet und sich zum ersten Mal seit dreißig Jahren ein neues Auto geleistet – und nun wissen sie nicht mehr, wie sie die Raten abzahlen sollen.

»Selten war ein Krimi so brennend aktuell. Interessanter noch als die solide Krimihandlung sind die Skizzen eines Landes, dessen Volksseele kocht.«
Britta Heidemann / Westdeutsche Allgemeine Zeitung, Essen

Zahltag

Ein Fall für Kostas Charitos

Roman. Deutsch von Michaela Prinzinger

Reiche Griechen zahlen keine Steuern. Arme Griechen empören sich darüber, oder sie verzweifeln ob ihrer aussichtslosen Lage. Im zweiten Band der Krisentrilogie tut ein selbsternannter »nationaler Steuereintreiber« weder das eine noch das andere: er handelt. Mit Drohbriefen, Schierlingsgift und Pfeilbogen – im Namen des Staates.

»Petros Markaris hat einen weiteren Krimi zur Griechenland-Krise verfasst, böse, ironisch und mit viel Einblick in den griechischen Nationalcharakter und die Schwächen des politischen Systems.«
Der Spiegel, Hamburg

»Böse, komisch, traurig: Pflichtlektüre in finsteren Zeiten.« *Tobias Gohlis / Die Zeit, Hamburg*

Abrechnung

Ein Fall für Kostas Charitos

Roman. Deutsch von Michaela Prinzinger

Griechenland ist zur Drachme zurückgekehrt. Es geht ums schiere Überleben: Stellen werden gestrichen, Löhne nicht ausbezahlt – und ein Serienmörder hat es auf einige prominente Linke abgesehen, die nach dem Aufstand gegen die Militärjunta eine steile Karriere hinlegten. Wer steckt dahinter? Ein Rechtsextremer? Oder jemand, der sich für längst vergangene Verfehlungen rächt? Kommissar Charitos verfolgt mit der ihm eigenen Beharrlichkeit die eloquenten Spuren des Täters – und das, obwohl er drei Monate lang ohne Gehalt auskommen muss.

»Der Krimi als Gesellschaftsroman – in und für Griechenland hat ihn Markaris erfunden.«
Christine Müller-Lobeck / Tageszeitung, Berlin

Finstere Zeiten

Zur Krise in Griechenland

Die griechische Krise und ihre Auswirkungen auf die Menschen – erzählt und gedeutet von Petros Markaris, einem der schärfsten Beobachter der hellenischen

Gesellschaft. Seine Artikel und Reden vermitteln ein umfassendes und facettenreiches Bild der Lage.

»Der weltbekannte Krimi- und Drehbuchautor Petros Markaris ist einer der profiliertesten Kommentatoren der Griechenlandkrise.«
Sebastian Ramspeck / SonntagsZeitung, Zürich

Quer durch Athen

Eine Reise von Piräus nach Kifissia

Mit 24 Kartenausschnitten. Deutsch von Michaela Prinzinger

Nimmt man die alte Stadtbahn, kann man Athen in einer Stunde durchqueren. Es ist eine Reise durch alle gesellschaftlichen Schichten. Und wie in einer Zeitmaschine findet sich der Passagier mal in die Antike, mal in die Zeit der Bayernherrschaft und dann wieder in die Gegenwart versetzt. Wer dem Rummel entfliehen will, findet unter Petros Markaris' kundiger Führung auch verborgene Winkel, wo die Zeit stillsteht und noch einfache Garküchen oder Kafenions zu finden sind.

»Vielleicht lieben die Athener gerade deshalb die Stadtbahn so innig, weil kein Buch, keine Landkarte und kein Kinofilm ihre Stadt in ihrer Gesamtheit so gut abbilden könnte.« *Petros Markaris*

Toni Sepeda
Mit Brunetti durch Venedig

Vorwort von Donna Leon
Aus dem Amerikanischen von
Christa E. Seibicke

Warum setzt sich Commissario Brunetti in *Feine Freunde* ins Torino und nicht wie sonst ins Rosa Salva? Die Autorin Toni Sepeda hat Brunettis Wege durch die Gassen von Venedig und die Romane akribisch nachverfolgt und liebevoll alles zusammengetragen, was rund um die Questura, was in San Polo, was beim Ospedale Civile etc. spielt. Ihre erprobten Touren – gespickt mit Zitaten von Donna Leon – bieten so etwas wie einen Ariadnefaden durch das Gassengewirr. *Mit Brunetti durch Venedig:* Der Leser kann, sei er daheim oder vor Ort, ungezwungen dem Commissario hinterherspazieren. Calli, Campi und Caffès: Hier ist Brunetti unterwegs. Kunstdenkmäler überlässt er den Touristen – vor allem Kirchen, die ihn nur an Beerdigungen erinnern. Flanieren und dabei die Gedanken schweifen lassen, genau wie Brunetti: Dazu lädt dieses Buch ein.

»Eine Fülle sorgfältiger Beschreibungen und diskreter Empfehlungen.«
Fridtjof Küchemann / Brigitte Woman, Hamburg

Bei den Brunettis zu Gast

Rezepte von Roberta Pianaro
und kulinarische Geschichten von Donna Leon
Vignetten von Tatjana Hauptmann
Deutsch von Christa E. Seibicke
und Petra Kaiser

Köstliches mit und ohne Kalorien: 91 Rezepte, wie sie Paola in den Brunetti-Romanen kocht, aufgezeichnet von Donna Leons Freundin und Lieblingsköchin Roberta Pianaro. Als kalorienfreier Zwischengang sechs kulinarische Geschichten von Donna Leon sowie wunderschöne Vignetten von Tatjana Hauptmann. Brunettis Leibgericht, Paolas Apfelkuchen, ein Rezept von Brunettis Mutter und Donna Leons Lieblingsessen (Kürbisrisotto) – sie alle sind in diesem Buch versammelt. *Bei den Brunettis zu Gast* ist ein literarisches Kochbuch über die venezianische Küche, zum Schmökern – und zum Nachkochen.

»Wenn es in meinen Büchern ums Essen geht, wird alles plötzlich langsamer, die Handlung, die Charaktere beruhigen sich. Ich glaube, dass jeder am Tisch wieder Kind wird, man fühlt sich sicher, geborgen, redet freier, weil man mit vertrauten Menschen zusammensitzt.«
Donna Leon im Gespräch mit dem ›Feinschmecker‹ bei Kürbisrisotto und Vongole